人気フローリストが教える
フラワーアレンジのデザイン&ヒント78

大切な人への贈り花

Prologue

はじめに

広島駅からほど近い段原にある骨董通りに「フルール トレモロ」をオープンして15年が経ちます。周辺は静かな住宅地で、店を訪ねてくださるのはほとんどが地元のかたです。それでもこの地で花屋を続けていられるのは、日本各地から贈り花やご自宅に飾る花をご依頼いただけるからです。制作した作品や入荷した花の情報をこまめにSNSで発信し続けるうちに、それを見つけて連絡をくださるかたがどんどん増えたゆえです。時には日本を離れて遠く海外にお住まいのかたからのご依頼も。

誕生日や結婚記念日などのアニバーサリー、また母の日や敬老の日など季節のイベントでも多くのかたが花を贈りますが、オーダーをいただくうちに、私自身も考えつかなかった贈り花の機会があることに気付かされました。
何の記念日でもないけれど彼女を驚かせたいという彼氏からの楽しい依頼、仕事で疲れている妻を元気づけたいというご主人からの優しい依頼、また、愛犬を亡くして落ち込んでいる友人へという悲しみに寄り添うような気遣いのある依頼。なかには結婚を申し込む際に手渡す花という、そのかたの人生に関わるかもしれない贈り花の依頼もありました。
数々の理由を伺ううちに、いつしか「花を贈りたい」という気持ちに理由など必要ないのかもしれないと思うようになりました。大切な人を喜ばせたい、それがあればいつでも気楽に花を贈ればよいのだと思います。

2019年6月から2020年5月まで、『家庭画報.com』で「365日の贈り花ダイアリー」という連載をさせていただきました。これまで制作した贈り花とそのエピソードを1年間毎日、計366回（閏年含む）お届けし、多くの読者のかたにご覧いただきました。
この本は連載からセレクトした作品にあらたな作品を加え、さらに贈り花をする際のアドバイスや、私が日本中の花農家さんから仕入れた花の図鑑なども加えて構成したものです。大切なかたへ花を贈る際のヒントとなること、そして、この本そのものがみなさまへの贈り花となることを願っています。

fleurs trémolo
1-5-7 Danbara Minami-ku Hiroshima
tel/fax 082.261.3970
http://fleurs-tremolo.com

Contents　目次

–

贈り花をもっと楽しむ

フルール トレモロと生産者さん

DATA

▪この本では手元で束ねた作品をブーケ、フローラルフォーム（オアシスなど）に花を挿した作品をアレンジと呼び分けています。

▪花名は切り花として市場に流通する名前で記載しています。

◆カバー表の花材データ／シャクヤク ‘エッチドサーモン’、バラ ‘ジュリア’、‘ラピスベール’、カーネーション ‘シルクミナミ’、‘トミーミナミ’、アスチルベ ‘ライトピンク’、アリウム ‘ブルーパフューム’、スペアミント、ビバーナム・スノーボール、ユーカリ

◆カバー裏の花材データ／〈右〉スイートピー ‘アッシュブルー’（染め）、コニファー ‘ブルーアイス’ 〈左〉シャクヤク ‘サラベルナール’、マーガレット ‘ドリームカシス’、バラ ‘アンブリッジローズ’、アスチルベ ‘ライトピンク’、ニゲラ ‘ミスジーキル’、クレマチス ‘フラッシュピンク’、レピディウム ‘エメラルドビーズ’、ビバーナム・スノーボール、ユーカリ

まるで庭の花を摘んだよう

フルール トレモロ流 花合わせの秘訣

「fleurs trémolo」(フルール トレモロ)のtrémoloは、音楽用語で震音を表し、「感動で声が震える」という意味です。その店名通り、贈り花を制作するときに大切にしているコンセプトは、人の五感に触れる四季の色彩や質感を表現することです。そのためにどんなルールで花合わせをしているのかご紹介したいと思います。

いままで数多くの贈り花を制作してきましたが、いつも自分の感性と感覚で花を選んで束ねているので、そこに何か特別な決まり事があるわけではないと思っていました。ただ、ショップで開催するフラワーアレンジ教室などでは、その決まり事をきちんと言葉にして伝える必要があります。きっとそれが私なりの花合わせのルールではないかと思います。
いちばん大切にしているのは、どんな色や形の花を使っても、最終的にはまるで庭の花を摘んできたような、自然な雰囲気、みずみずしさを感じていただけるように仕上げることです。そのために欠かせないのがリーフで、単に花と花の間のすき間を埋める役割だけでなく、全体の雰囲気に大きく影響を与える存在です。私がよく使うのは、香りのよいミントやゼラニウムなどのハーブ類、テマリシモツケや銀葉アカシア、ユーカリといった、庭によく植えられているようなものばかりです。加えてペンペン草の異名でおなじみのナズナなど、郷愁を感じさせる身近な草花も、よく利用しています。ショップには花と同じくらい、ときにはそれ以上に豊富な種類のリーフを用意しています。もし、ご自宅の庭に植えている木や鉢植えなどがあれば、その葉を利用するのもおすすめで、切り花として流通していない葉であれば、よりオリジナル性も高まると思います。
そんなリーフ使いも含め、ナチュラルでエレガントさを感じさせる贈り花に仕上げる秘訣を4つあげてみます。ぜひご自身でアレンジする際の参考にしてみてください。

1 みずみずしいハーブ&枝ものをたっぷりと

明るくみずみずしい印象に仕上げたいときによく使うのがミントやゼラニウムなどのハーブ類。枝ものではテマリシモツケの'ルテウス'が葉色、葉形ともに美しくおすすめです。

アップルミント

テマリシモツケ
'ルテウス'

3 目を引く珍しい花をポイントに

真っ先に思わず目がいくフォーカルポイントに、個性的な花色や新顔の花を使うと印象が強くなります。

リシアンサス
'NFハーレイクイン'

カラー
'ピンクパピー'

4 他の花色を引き立てる青花マジック

ピンクや赤、オレンジ色、黄色……。よく使われる花色は温かみを感じる色「暖色」。それらを効果的に引き立てる花色が青です。暖色の対極にある「青い花」を加えることで、花アレンジは格段に表情豊かになります。

デルフィニウム

スカビオサ
'チョンマゲ市助'

•花材／リシアンサス'NFハーレイクイン'、カラー 'ピンクパピー'、スカビオサ、エキナセア'サザンベル'、バラ'マリラブ'、'スイートイヴピアジェ'、ラベンダー 'シルバーストリーク'、アルケミラモリス、グリーンフレークゼラニウム

2
メインの花には心躍るエレガンスを

まず主役の花を決めることからメリハリのきいた花アレンジ作りが始まります。おすすめなのはバラやリシアンサスのようにボリューム感があり、エレガンスを感じさせる花。

リシアンサス
'NFマンゴー'

バラ
'スイートイヴピアジェ'

pink

◆

ピンク

WINTER

新年早々に誕生日を迎えるかたへ「大輪のラナンキュラスのブーケ」

生産者さんから試作として届いたラナンキュラス‘ポンポン’シリーズは、なんと花径約10cmの大輪花。この驚きが誕生日の素敵な思い出になるよう、同系色のアスチルベと合わせました。

WINTER

かわいい後輩の卒業祝いに「ラブリーなボックスフラワー」

ふたを開けたとたん、目に飛び込むピンクと白の愛らしい花！ ひらひらのラナンキュラス、ベル型のスズラン、淡いピンクのアスチルベ。かわいらしい要素をギュッと詰め込みました。

WINTER

大切に想う気持ちを花に託して「優しい花色のプロポーズブーケ」

プロポーズの際に彼女に手渡すという大役を担った贈り花。彼女を想う気持ちがまっすぐに伝わるように、透明感のあるダリアをメインにピンクとブルーの優しい花色を集めました。

SPRING

女の子を出産した友人を祝う
「パステルカラーのふんわりアレンジ」

赤ちゃんの笑顔のように人を幸せにする優しい花色を集めてバスケットにアレンジ。品種名にもこだわって、‘ハピネス ピンクチーク’、‘めぐみ’と出産祝いにぴったりの花名を選びました。

SPRING

結婚式場に飾るお祝いの花
「フレッシュ感あふれる出迎えのブーケ」

花嫁のご友人からの依頼で、式場の受け付けに飾る花を作りました。ラナンキュラス‘ラックス’シリーズの新色をメインに、ピンクと明るい緑でお客さまを心地よくお迎えできますように。

SPRING

お祖母さまのお誕生日を祝う
「大人ピンクのエレガントブーケ」

ピンクのシャクヤクに紫のリューココリーネ、黄緑色のストライプが入ったパフィオペディルム。エレガントな雰囲気の漂う大人かわいいブーケは、おしゃれなお祖母さまにお似合い。

SPRING

クリニックの開院を華やかに祝う「好感度抜群のピンクアレンジ」

年齢や性別にかかわらず、誰からも愛される色〝ピンク〟で、訪れるすべてのかたの心を明るくするようなアレンジに。コーラルピンクの大きなボールはシャクヤクの蕾です。

SPRING

誕生祝いにサプライズのバラを
「ピンク×黄緑のフレッシュブーケ」

個性的なフォルムが大人気の新しいバラ‘シーアネモネ’をメインに、春のピンクを集めました。ビバーナムやフランボワーズの新葉など、黄緑色が加わると、フレッシュ感がぐっと増します。

SUMMER

出回り期間の短いハスを思い切り楽しむ
「あでやか！ハスとバラのブーケ」

ハスの花が出回るのは7月上旬から8月のお盆前まで。あでやかなハスのピンクに同じ色みのバラを合わせて束ねると、アートのような美しさに。新鮮さもあり、評判の高かった花合わせです。

SUMMER

退院を待って贈るお見舞いの花
「心地よいハーブが香るピンクアレンジ」

病室では生花の管理は大変なので、無事退院の知らせを待ってお見舞い&退院祝いの花を贈るかたが多くなっています。夏のピンクの花にハーブをたっぷり加え、心地よい香りもお届け。

AUTUMN

ピンク好きな友人に贈る誕生祝い「しっとり大人っぽい秋ピンクのアレンジ」

カーネーション、バラ、そして秋にのみ流通するダイヤモンドリリー。少し濃いめのピンクを集めてアレンジすると、かわいらしい印象とはまた異なるしっとりと大人っぽい表情に。

AUTUMN

結婚祝いに小さな〝笑い〟を贈る「チョンマゲ市助入りのナチュラルアレンジ」

‘チョンマゲ市助’はスカビオサの品種名。花の真ん中から小さな葉が出る姿に思わずくすっと笑いがこみ上げます。ピンクの花の間に加えて、その楽しさを新郎新婦にお届け。

AUTUMN

花びらがきらきら輝く

「秋色ピンクのウエディングブーケ」

ダイヤモンドリリーは名前通り花びらにきらきらとした輝きがあり、高級感あふれる花なので結婚式のブーケにもおすすめ。ピンク系のみでシンプルに束ねるとロマンチックな雰囲気に。

AUTUMN

和食屋さんの周年祝いに驚きを贈る
「芸術的な美しさのマムアレンジ」

1本でも絵になる花を目標に、岐阜県高山市周辺で生産される個性的なマム。糸のような繊細な花びらが美しい‘白露時雨’に純白のユーチャリスを合わせ、和食の雰囲気にも似合うアレンジに。

flower picture book

PINK

ピンクの花図鑑

幅広い年代に好まれる花色で、切り花ではどの季節でもピンクの品種が豊富に揃います。かわいらしさを象徴する色ですが、濃淡の違いで印象が異なったり、くすみ系で大人っぽい雰囲気にもなります。

ラナンキュラス
‘ポンポン ハーマイオニー’

イタリア生まれの品種で、絶妙なバイカラー（複色）が美しく個性的。ボール状の八重咲きで、少ない本数でボリューム感が出せる。
◆冬～春

スイートピー
‘恋式部’

宮崎県のオリジナル品種‘式部’シリーズの三女。濃淡の花色が美しく可憐。長女は紫の‘式部’、次女は落ち着いた赤の‘紅式部’。花もちもよい。
◆冬～春

スイートピー
‘めぐみ’

アプリコット色からピンクへごく淡いグラデーションがとても美しく、優しい印象。パステルカラーのブーケやアレンジに加えたい花色。
◆冬～春

スイートピー
‘ピンクミルク’

ピンクの濃淡に幅があり、この品種だけを束ねても美しいグラデーションを描ける。濃いピンクがとくに愛らしく、品種名もキュート。
◆冬～春

アネモネ
‘ミストラル ロサシアロ’

アネモネには珍しいパステルカラー。淡いグラデーションと中心部の黒とのコントラストも美しい。蕾から徐々に開いていく変化も楽しんで。
◆冬～春

ラナンキュラス
‘ラックス アリアドネ’

宮崎県の「綾園芸」が生み出した、つややかに光る花びらが画期的なシリーズ。毎年ニュアンスのある花色が登場する。
◆冬～春

フリージア
‘エアリーピーチ’

石川県のオリジナル品種で、花色が美しいだけでなく、甘く爽やかななかに、ほんの少しスパイシーさのある香りも魅力。
◆春

※「◆」は出回り時期。「周年」は一年を通じて、ほぼ手に入るという意味です。

シレネ
‘ピンクパンサー’

シレネの切り花にはこんな愛らしいピンクも。5枚の花びらが少しすき間をあけてつくので、花形がくっきり目立ち、アクセントとして効果的。
◆春

セントーレア
‘ロマンティックピンク’

和名はヤグルマギク。白に近いピンクと濃いピンクの色合わせがしゃれている。セミダブル咲きなので、ふんわりとしたボリューム感も魅力。
◆春

サクラ
‘普賢象’(ふげんぞう)

ふくよかな八重咲きのサトザクラで、一重のソメイヨシノとは異なる華やさが魅力。開花が遅いので、4月になってからでも利用できる。
◆春

マーガレット
‘ドリームカシス’

花びらも花の中心部もピンクのミニマーガレット。チャーミングで人気が高い。かわいらしい贈り花にしたいときに加えると効果抜群！
◆春～初夏

レースフラワー
‘ラッキーレディ’

ジャイアントレースフラワーとも呼ばれ、一般的なレースフラワーよりサイズが大きく存在感がある。使い勝手がよく、花もちのよさも魅力。
◆春～初夏

カーネーション
‘ジュビリー’

花全体に入る繊細な絞りは、思わず見惚れるほどの美しさ。華やかながら深みのあるピンクは、大人っぽい贈り花にもよく似合う。
◆周年

カーネーション
‘シルクミナミ’

香川県「真鍋農園」が育種した‘ミナミ’シリーズのひとつで、シルクのような上品なつや感がある。アプリコット色がかったラブリーなピンク。
◆周年

カーネーション
‘ちはや’

まるで白い花をピンクに染め上げたような自然なグラデーションが美しく、花によって濃淡が異なり、1種のみでも変化が出せる。
◆周年

セアノサス
‘マリーサイモン’

ブルーの花がよく知られるセアノサスには、かわいらしいピンクの品種もある。日本では栽培が難しく、少量しか流通しない貴重な花木。
◆初夏

スカビオサ
‘プリティーピンク’

外側と中心部の色の対比が愛らしく、立体感のある花形も魅力的。出荷時期によっては蕾の緑色が混じることもあり、それもまた素敵。

◆周年

スカビオサ
‘フリフリトモミ’

長崎県「フラワーガーデン寺尾」が育種した品種で、名前通りフリルのような花びらが特徴。少しくすんだピンクが魅力的で、大人かわいい。

◆周年

シャクヤク
‘エッチドサーモン’

目を見張るほど美しいピンク。ボール状の蕾から徐々に咲いていく様子も楽しい。開くと華やかで豪華な印象に。初夏の贈り花にぴったり。

◆初夏

シャクヤク
‘麒麟丸’

絞り柄に和の風情も感じられる個性的な品種で、蕾が開いたときのインパクトは抜群。出回り時期が短いので、季節感も演出できる。

◆初夏

アスチルベ
‘ライトピンク’

穂状のアスチルベを丸い花の中に加えると変化のある表情になる。どんな花色にも合う淡いピンク。これは自然の花色。

◆春～秋

アジサイ
‘スパイクピンク’

時間が経つと、ピンクから徐々にグリーンに花色が変化する。花房が大きく、ボリュームがあり1本あるだけで空間を埋めてくれる。

◆夏

リシアンサス
‘NFホノピンク’

白からピンクのグラデーションが美しく、透明感があって涼しげな印象。ふんわりとしたボリューム感もあり、主役でも脇役でも大活躍。

◆周年

リシアンサス
‘ピンクフラッシュ’

ほんのりと色づいた頬のように愛らしい花色で、花形もとてもきれい。ラブリーな雰囲気の贈り花にぴったり。花もちもよく、蕾も徐々に開く。

◆周年

リシアンサス
‘ハピネス ピンクチーク’

少し落ち着き感のある淡いピンクから白へのグラデーションが上品で優しい印象。花びらの先端の繊細なフリルに優雅さが感じられる。

◆周年

バラ
'ジュディフリル'

広島県「とくなが園芸」育種の品種で、繊細なフリルが美しく華やかな雰囲気。1本にいくつも花がつくスプレータイプで、とても表情豊か。
◆周年

バラ
'マリーローズ'

バラにはこんなに丸みのある愛らしい花形の品種もある。気品ある濃いピンクは惚れ惚れする美しさ。蕾がふわっと咲き開くさまも魅力的。
◆周年

バラ
'シーアネモネ'

英語でイソギンチャクの意味の品種名。花びらに深い切れ込みが入る個性的な花姿は衝撃的な美しさで、見飽きることがなく、非常に魅力的。
◆周年

クレマチス
'天使の首飾り'

ブーケやアレンジに使いやすいベル咲きのクレマチスの中でもとくに愛らしい。品種名もキュートで、つると葉も動きをつけるのに効果的。
◆夏～秋

ハス

盆花として知られるが、アーティスティックな花姿は本当に美しい。7月上旬からお盆前までしか出回らないので、時期を逃さないように。
◆夏

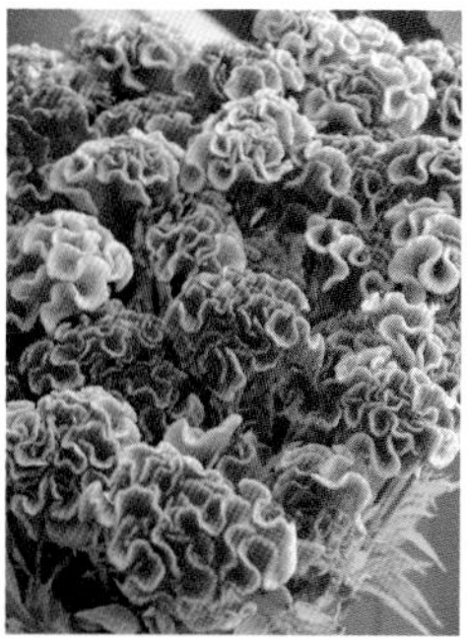

ケイトウ
'プティフルーツ マーメイドピンク'

最近のケイトウはしゃれた花色が豊富。この少しくすみのあるピンクの濃淡グラデーションが魅力的。ほかの花とも合わせやすい名脇役。
◆夏～秋

エキナセア
'サザンベル'

重なり合う花弁が華やかなコラレット咲き品種。八重咲きなので暑さのダメージが目立ちにくい。中心部の白もかわいらしい。
◆夏～秋

エキナセア
'マーシャル'

花びらの先端の切れ込みが繊細な印象で、'サザンベル'より少し淡いピンクが涼しげ。夏の庭花によく利用される一重品種とは異なる魅力。
◆夏～秋

ジニア
'クイーン レッドライム'

大輪のジニアで、アンティーク感のあるくすみ系の花色が揃う。出荷時期により、黄緑色が多いときとピンクが多いときがある。
◆初夏～秋

ダリア
‘オズの魔法使い’

中輪のボール咲きで透明感のあるピンクが魅力的。冬場はピンクが淡く、夏場は濃くなる。中輪ダリアはメインにも脇役にも使いやすい。
◆周年

ダリア
‘ティアラ’

整った花形のフォーマルデコラ咲きで、透明感のある美しいピンクは、レトロさもあり人気。頑張っている女性に贈りたい素敵な品種名！
◆周年

ダリア
‘スターズレディ’

細い花びらが筒状になるセミカクタス咲き。動きを感じさせるので花のサイズが大きくても、軽やかな印象になる。
◆夏～秋

アスター
‘マッシュ サーモン’

存在感のある大輪で、誰からも好まれる愛らしい花色。八重咲きなので少ない本数でもボリューム感を出せる。丸い花形には愛嬌がある。
◆周年

コスモス
‘ダブルクリック’

季節感を強くアピールする花材として秋に欠かせない。これは半八重～八重咲きで華やかな雰囲気。形や色に幅があり、表情豊か。
◆秋

シンフォリカルポス
‘チャーミングファンタジー’

うっすらピンクに色づく丸い実がチャーミング。これが加わるとブーケもアレンジもぐっとかわいらしさが増す。実りの秋を感じさせて人気。
◆秋

マム
‘セイ アクイラ’

整った花形のデコラ咲きで、ほどよいボリューム感がある。外側の白からピンクへの花色は透明感があり、とても上品。
◆周年

マム
‘白露時雨’

岐阜県高山市周辺で生産されるマムで、花びらが線状のイトギクの新品種。個性的な花形にはサプライズ感がある。
◆秋

ダイヤモンドリリー

ネリネ属の中には花びらに輝きをもつ種類があり、ダイヤモンドリリーと呼ばれウエディングシーンで人気がある。高級感を感じさせる花。
◆夏～秋

blue

◆

ブルー

SPRING

ブルーが大好きな友人の誕生日に贈る
「美しい染めのスイートピーのアレンジ」

最近では染め花のクオリティがとても高くなり、とくにブルーに染めたスイートピーは大人気。ニュアンスの異なる2種のブルーの中に白いスズランを散らし、清楚な雰囲気に仕上げました。

SPRING

26年目の結婚記念日に美しきランを
「バンダの淡い青紫を生かしたブーケ」

ランの仲間のバンダには、こんなにきれいな淡いブルー系もあります。高級感があり、特別な日に贈りたいバンダをメインに、シャクヤクやライラックなど、季節感のある花を束ねました。

SPRING

ナチュラルな花が好きな奥さまに
「ニゲラを生かしたナチュラルブーケ」

ブルーの花といえばすぐに思い浮かぶのがニゲラ。透明感のあるブルーは胸のすくような美しさです。淡いピンクのバラに明るい緑色をたっぷり加え、ナチュラル感いっぱいに束ねました。

SPRING

バラをこよなく愛する奥さまへ

「希少な青いバラのバースデーブーケ」

ブルーの色素をもたないバラにとっては、ごく淡い青みでも画期的！流通量の少ないブルーのバラ2種にスズランを加えたブーケで、バラ好きな奥さまにサプライズをお届けします。

SUMMER

染めと聞いてもその美しさに惚れ惚れ！

「青雪姫。すばらしいシャクヤクが主役のブーケ」

生産者さんが「試しに染めてみた」という青いシャクヤク。その美しさに目が釘付けに。‘白雪姫’という品種を染めたので‘青雪姫’。たっぷりの緑で包んで、その青の美しさを讃えます。

SUMMER

結婚記念日を忘れられない思い出にする「アジサイとセアノサスの共演ブーケ」

アジサイと、イギリスでは定番の花木セアノサス。2種の青を共演させてみました。セアノサスの花色の青はイギリスの陶磁器メーカーの伝統色「ウエッジウッドブルー」によく似ています。

SUMMER

生産者さんへ感謝を込めて贈る
「鮮やかな青紫のデルフィニウムブーケ」

ブルーの中でも鮮やかな花色があるのがデルフィニウム。なかでも‘アルタイル’の青紫は目の覚めるような美しさです。ピンクや黄色の花をアクセントに加えて束ねました。

SUMMER

2着のドレスに映える花色で
「夏のブルーを集めたウエディングブーケ」

3種のデルフィニウム、オキシペタラム（ブルースター）、ルリタマアザミ、エリンジウム。夏の青を集めたブーケは、式で着る白いドレスにもお色直しの水色のドレスにもよく映えます。

flower picture book

BLUE

青の花図鑑

青が好きなかたはとても多く、「ブルー系で……」というオーダーはよくあります。どんな花色とも相性がよく、メインとして、また脇役として青花はどの季節にも欠かせません。ナチュラルに染めた青花も利用します。

ムスカリ

春の青といえば球根花のムスカリ。庭で咲くのは3月中旬以降だが、切り花は年明け早々から出回る。小さなつぼ型の花が固まって咲く。
◆冬～春

スイートピー
'ブルーフレグランス'

爽やかな香りが楽しめる宿根スイートピー。透明感のあるブルーが美しい。丸くつるりとした葉やかわいいつるもアレンジのアクセントに。
◆冬～初夏

スイートピー
'そらいろ'(染め)

宮崎県児湯郡尾鈴地区で作られる美しい染めの品種。透明感があり、澄み渡る青空のような花色。濃淡のグラデーションがナチュラル。
◆冬～春

スイートピー
'アッシュブルー'(染め)

岡山県倉敷市の船穂で染められた品種。くすんだブルーがシックでしゃれた印象。染め色が濃く出る花脈が繊細でとてもきれい。
◆冬～春

ルピナス
'テキサスブルーボネット'

マメ科特有のぷっくりした花が愛らしいルピナスの美しい青花。透明感のある花色は、春のきりりとした空気感に似合う。
◆春

ワスレナグサ
'ナノブルー'

春の庭に欠かせない青花だが、切り花でも少量出回る。水色に近い愛らしい青は誰からも好まれ、小花ながら存在感がある。
◆冬～春

オキシペタラム
'オルキブルー'

白やピンクもあり、青花はブルースターの別名でも知られる。茎を切ったときに出る白い液は、沸騰したお湯に5分ほど浸して止めて。
◆周年

※「◆」は出回り時期です。

ニゲラ
‘ミスジーキル’

タネが黒いことから「クロタネソウ」の和名でも知られる。ピンクや白もある。花を包むようにつく苞《ほう》と呼ばれる糸状の葉がナチュラル。
◆周年

ニゲラ
‘デルフトブルー’

青花がよく知られるニゲラの中で、ツートンの花色は個性的。気品があり、和風の贈り花にも利用できる。庭花でも人気がある。
◆冬～春

セントーレア
‘ディーブブルー’

「ヤグルマギク」の和名で広く知られる花。繊細な花びらが重なり合う八重咲き品種で、深みのある青紫が美しい。
◆冬～春

デルフィニウム
‘ジャパンブルー’

デルフィニウムには青花品種が多くあるが、ここまで発色のよい青紫は衝撃的。品種名が表すように日本が世界に誇れる青花品種。
◆周年

デルフィニウム
‘ブルーオリオン’

宮崎県の農業試験場で作られた品種で、鮮やかな花色、茎につく花の密度感ともにすばらしい。長い茎を生かしたロングステムブーケに。
◆周年

セアノサス
‘ヘンリーデスフォッセ’

イギリスの庭でよく使われる低木。非常に美しい青花。上品で優しい青花は、ブルー好きのかたにぜひ贈りたい。
◆初夏

バラ
‘ガブリエル’

日本を代表するバラ育種家の一人、岐阜県「河本バラ園」の河本純子さん作出。花びらが重なり合う華やかな剣弁のロゼット咲き。
◆周年

バラ
‘ブルーヘブン’

河本純子さん作出。剣弁咲きで、シルバーがかったブルーが神秘的。バラの花弁は青色色素を持たないので、淡いブルーでも貴重。
◆周年

シャクヤク
‘青雪姫’(染め)

長野県「梨元農園」が手がける花。‘白雪姫’という品種を染めたので‘青雪姫’という名前に。驚愕の美しさに心が奪われる!
◆初夏

アジサイ
‘スパイクブルー’

日本人にとってはもっとも親しみのある青花で、性別、年齢に関係なく好まれる。鮮やかな青が美しく、また花びらのフリルも愛らしい。

◆夏～秋

アジサイ
‘ヒルデモアホフ ブルー’

オランダからの輸入品種で、パステルかがった淡い青紫がエレガント。オランダ産もナチュラル系、アンティーク系ともに花色が豊富。

◆夏～秋

ルリタマアザミ
‘ベッチーズブルー’

青紫の美しい花色と小さなボール状のフォルムが特徴的で、脇役として使い勝手がとてもよい。硬質感も個性的。ドライでの利用もOK。

◆夏

エリンジウム
‘ブルーダイナマイト’

光沢のある青にはメタリックな雰囲気があり、非常に個性的。少し縦に長いボール状で、苞《ほう》や茎もブルー系になる。ドライも可。

◆周年

アスチルベ
‘アイブルー’(染め)

鮮やかなブルーでありながら、染めを感じさせないナチュラルさが魅力。繊細な花はアクセントに使いやすく、少量でも青がよく目立つ。

◆春・秋

スカビオサ

最近はピンクや赤などもあるが、スカビオサといえば基本はこの薄青紫。野に咲く花のような楚々とした風情が魅力的。

◆周年

リシアンサス
‘ルセナブルーフラッシュ’

水彩画のような淡いグラデーション。花びらが重なり合い軽やかなボリューム感をもたらしてくれる。花もちがよく、蕾も徐々に開く。

◆周年

リシアンサス
‘NFラベンダー’

長野県千曲市「ナカソネリシアンサス」の品種。透明感のある色、花びらの繊細な切れ込み、整った花形は主役級の美しさ。

◆周年

ハボタン
‘碧てまり’(染め)

見惚れるほど美しい染めのハボタン。クリスマスやお歳暮、お正月のアレンジに欠かせない。サプライズ感を出したいときに。

◆冬

white

ホワイト

WINTER

かわいらしい女性の誕生日に贈る「小花を集めたブーケで春を先取り」

とてもかわいらしい人に贈ると聞いて、年明けからたくさん流通する春の小花を集めたブーケを作りました。白いマトリカリアが加わると野原の景色のような自然な雰囲気に。

WINTER

アンティーク風なウエディングドレスに合わせて
「牧歌的な雰囲気のウエディングブーケ」

素朴で素敵なウエディングドレスに似合うように、草原をイメージして白×緑の花色を選んで束ねました。バラのアンティークカラーが落ち着いた雰囲気を与えてくれます。

SPRING

愛犬を亡くして淋しがっている両親へ「カラーとチューリップのホワイトブーケ」

小ぶりでかわいらしい白のカラーに、白いチューリップ。緑を少し加えて清楚なブーケに。愛犬の一周忌に花を贈る娘さんの優しさをこの爽やかなブーケにのせて届けます。

SPRING

離れた地で新生活を始める友へ

「天使の涙を束ねた、さようならのブーケ」

春は出会いと別れの季節。この時期に出回る‘天使の涙’という素敵な名前のスイセンを白いクリスマスローズと一緒に束ねました。別れを悲しむ気持ちがまっすぐ伝わります。

SPRING

スズランの日に恋人に贈る
「スズランとライラックの気品あるブーケ」

フランスには古くから5月1日に愛する人やお世話になったかたへスズランを贈る習慣があります。ライラックとともに束ねると、大人っぽい表情に。甘い香りが漂うのも魅力的。

SPRING

お店のオープン祝いに贈る
「新しいカスミソウのラウンドブーケ」

最近のカスミソウは花ひとつずつが大きくなり、白さも増して感じられとても愛らしくなっています。そのカスミソウに繊細なピンクの花木を足してかわいらしいボール状のブーケに。

SUMMER

ヒマワリの新しい魅力を発見！
「ホワイトナイトのシンプルなブーケ」

ごく淡いクリーム色ですが、ヒマワリ＝黄色のイメージからすれば、これは品種名通り、白いヒマワリと捉えたい！ スモークツリーのみ加え、白いヒマワリの魅力を引き出しました。

SUMMER

常連さんから行きつけのお店へ贈る「季節感たっぷりのナチュラルブーケ」

スワインソナ・ガレギフォリアとアジサイの白、ルリタマアザミの青紫。花色を2色に抑え、この時期に豊富に出回るグリーン花材をたっぷり加えて爽やかな雰囲気に仕上げました。

AUTUMN

大切なかたを懐かしむ手向けの花
「秋の素敵な白をアンティーク調に束ねて」

ころんとした花形のバラとダイヤモンドリリーの白花をメインに、シルバーリーフと赤みのある繊細なルビーグラスの穂を加えると、まるでセピア色の写真のような雰囲気に。

AUTUMN

素敵なリーフの生産者さんに感謝の花を

「高原に咲くコスモスをイメージして束ねる」

白い一重のコスモスをメインに、明るいトーンからグレイッシュまで、さまざまな葉色のリーフを束ねたら、こんなに変化のある表情に。高原の爽やかな空気感が伝わります。

AUTUMN

結婚する親友におめでとうの気持ちを込めて「青いハボタンが目をひくラウンドブーケ」

ウエディングドレスをイメージさせる真っ白な花に、幸福を招く「サムシングブルー」として青く染めたハボタンを加えて束ねました。青いハボタンの存在感が際立ちます。

WINTER

父を想い実家に贈る
「清楚ながらも華やかなアレンジ」

白が基調のアレンジも、個性的な花弁のイトギクや淡い色の花を少し加えると、清楚ながら華やかな雰囲気に仕上がります。冬に豊富に揃う気品のある白花を上手に利用して。

flower picture book

WHITE

白の花図鑑

どの季節にも白花は豊富にありますが、純白、少しクリーム色がかった白、透明感のある白、緑色が混じる白花など、ニュアンスが少し異なります。合わせる花や贈り花のイメージにぴったりの白を選ぶことが大切です。

スイートピー ‘クリスタル’

スイートピーの白花のなかでも美しいのがこの品種。名前通り、クリスタルのような透明感と輝きのある純白で、ウエディングにもおすすめ。
◆冬～春

チューリップ ‘ホワイトハート’

ドレスのような純白の八重咲き品種。出荷時期によって緑色が少し加わり、それもナチュラル。花が開くとボリューム感が出て華やかに。
◆冬～春

スカビオサ ‘テラホワイトラブ’

長崎県雲仙市「フラワーガーデン寺尾」オリジナル品種。花が大きく存在感がある。真っ白な花びらと中心部の緑色が爽やか。
◆周年

マトリカリア ‘シングルペグモ’

一重のくっきりした小さな花が愛らしく、野の花の風情たっぷり。草丈が高くなる切り花用の品種で、ブーケにも使いやすい。
◆周年

アネモネ ‘モナリザ ホワイト’

アネモネの代表品種‘モナリザ’の白花。花が大きく少ない本数でも花色がよく目立つ。蕾も徐々に開き、ふんわりと優雅な雰囲気に。
◆冬～春

スイセン ‘天使の涙’

咲き方にさまざまなタイプがあるスイセン。これはクリーム色がかった花で、うつむきがちに咲く姿が魅力的。出荷量が少ない貴重な品種。
◆冬～春

ニゲラ ‘ミスジーキル’

青花が人気のニゲラは、繊細な印象の白花もまた魅力的。花を取りまく緑色の苞《ほう》がナチュラルさを感じさせ、動きのある表情をもたらす。
◆周年

※「◆」は出回り時期です。

カラー
'恋人ミニ'

「恋人」は「こいと」と読む。生産地の千葉県君津市の小糸地区にちなんだ命名。小ぶりで、茎も細く華奢な姿がかわいらしい。
◆春

スズラン

5月1日は「スズランの日」。冬から出回るので、早い時期からの利用がおすすめ。ベル型の愛らしい花は清楚な印象で女性に人気。
◆冬～春

シャクヤク
'ラテンドレス'

フランス語の「ラ・タンドレス」が語源で、思いやり、優しさの意。上品なオフホワイトで、ところどころにピンクが混じり優雅な雰囲気。
◆初夏

クレマチス
'ダッチェス オブ エジンバラ'

八重咲きで存在感のある白花品種。これは「JA晴れの国 岡山」から支柱付きで届いたもの。淡い緑色の大きな蕾も大迫力。
◆初夏～秋

アストランティア

レース編みのように繊細で透明感があり、軽やかさやナチュラルさをもたらしてくれる。イングリッシュガーデンでは定番の人気花。
◆春

スワインソナ・ガレギフォリア
'ホワイトスワン'

オーストラリア原産で、同じマメ科の宿根スイートピーに似たぷっくりした花がキュート。光沢のある白がよく目立ち、繊細な葉も美しい。
◆周年

ヒマワリ
'ホワイトナイト'

ヒマワリといえば黄色という常識を覆す花色で、咲き進むとより白がのってくる。夏のウエディングなど、ヒマワリの新しい使い方ができそう。
◆夏～秋

ファレノプシス・アマビリス

小輪のコチョウラン。花びらが厚いため、白さがより際立つ。ランは高級感を感じさせる花なので、ウエディングシーンでも大活躍。
◆周年

蕾ガーベラ
'ガーデンゴースト'

静岡県牧之原市の「アドアー フローカ」の蕾で出荷するガーベラ。花びらが細い筒状で(写真手前)、白と黒の対比がクール。
◆周年

バラ
‘グリーンアイス’

咲き始めの白からピンク、緑色へと変わる花色が魅力的。ミニバラはほかの花とも合わせやすく、ナチュラルに仕上げたいときに最適。
◆周年

バラ
‘ウエディングプラン’

外側は白で中心部に淡い緑色が入る花は、咲き進むと純白に。丸みのある花形が愛らしく、使いやすい中輪サイズのスプレーバラ。
◆周年

コスモス
‘センセーション ホワイト’

白いコスモス。透明感のある純白のきりりとした表情は、秋の空気感によく似合う。一重咲きのすっきりした美しさは魅力的。
◆秋

ダリア
‘白夜’

メインにもサブにも使いやすい中輪サイズ。整った花形の美しさに惚れ惚れ。クールな雰囲気の‘白夜’という品種名も素敵。
◆周年

リシアンサス
‘レイナホワイト’

花びらのフリルも美しく、ロマンチック。蕾の黄緑色が咲き進むにつれ白くなる。軽やかにボリュームアップしたい際に便利。
◆周年

アスター
‘マッシュ イエロー’

大輪でボリューム感のあるシリーズで、バニライエローが優しい印象。花色合わせでは白花として利用できる。丸い花姿もかわいい。
◆周年

カスミソウ
‘アルタイル’

花がぐっと大きくなり、密度感高く咲く進化形カスミソウの1品種。束ねると白さが極立つ。進化形の登場でカスミソウ人気再来。
◆周年

フランネルフラワー

フランネル生地のような独特な質感のせいか、白でもぬくもりが感じられ、とても優しい雰囲気。シルバーグリーンの葉も美しい。
◆冬～春

オキシペタラム
‘マーブルホワイト’

ブルースターとして青花が知られるが、白花もキュート。花びらが厚手なので純白が映える。くっきりした花形でアクセント効果抜群。
◆周年

purple

◆

パープル

WINTER

離れて暮らす母へ贈るバースデーギフト

「大好きな紫をふんだんに束ねて」

紫が大好きと伺い、初春の紫を集めて束ねました。アネモネ、パンジー、スイートピーなど、1月頃には紫の花が豊富に揃い、しかも花形が異なるので、同系色でも変化のある表情に。

WINTER

素敵なマダムのお誕生日に「ラベンダー色のシックなブーケ」

淡いラベンダー色には心を落ち着かせる効果があるといわれています。シックで大人っぽい女性に似合うよう、ラベンダー色の花に、リシアンサスの黄緑色をアクセントに加えました。

WINTER

フラワーバレンタインに友人へ贈る

「個性的なチューリップのブーケ」

2月14日はフラワーバレンタイン。友人やお世話になっているかたへの感謝の気持ちとして花を贈る新しい習慣です。仲のよい友人に贈るブーケは、花形がユニークなチューリップをメインにパープル&ブルーの色合わせで。

SPRING

退職する女性に感謝の気持ちを込めて「パープルの美しいグラデーションブーケ」

5種の花からパープル系の花色を選んで束ねると、予想以上に幅のある美しいグラデーションに。大人っぽい中に気品もあり、落ち着いた雰囲気の女性によく似合うと思います。

SPRING

ご主人から奥さまへ、誕生日の贈り花
「透明感のあるリシアンサスのパープルブーケ」

透明感のある淡いパープルのリシアンサスをメインに春のパープルと白いシャクヤクを加えて、明るく軽やかに仕上げました。どなたにも好まれる優しさあふれるブーケ。

SPRING

試作の花を届けてくれたお礼に

「季節の花木を加えたブーケロン」

生産者さんから届いた、穂先まで花が密に詰まったデルフィニウム。これならステムを短くしても使える！ と、この時期の花木と合わせてパリ風のブーケ「ブーケロン」に仕上げました。

SUMMER

個展開催のお祝いに
「深みのあるバイオレットの花を重ねたアレンジ」

ニュアンスの異なるバイオレットを集め、高級感のあるランのファレノプシスを加えてアレンジしました。ランの個性的な花形、花色がダークな背景にパッと浮き立ちます。

ダリアとバラの淡いピンクを、ラベンダー色のアスターをベースに、可憐なコスモスを飛ばすように加えました。かわいらしさの中に大人っぽさのある秋のブーケです。

AUTUMN

遠くに暮らす友人の誕生日を祝う花
「パープルの花を散らした大人かわいいブーケ」

AUTUMN

友人宅への手土産に季節先取りの花を

「出始めのスイートピーとスズランのブーケ」

11月はちょうどスイートピーが出回り始める季節。新色のスイートピーに、季節はずれで入荷したスズランを合わせて束ねると、ひと足早く春を感じるブーケに。

AUTUMN

コンサートに出演する友人のお祝いに

「色変わりするアスターの秋らしいブーケ」

開花が進むにつれ、白からラベンダーに変化する美しいアスターに、パープルと白で絞り染めにしたようなラナンキュラスを加え、優しいグラデーションのブーケに仕上げました。

AUTUMN

お祖母さまの誕生日にお孫さんからお祝いの花を

「紫色のダイヤモンドリリーが印象深いブーケ」

稀少な紫色のダイヤモンドリリーに、かわいらしい小花やハーブを添えたブーケは小ぶりながら気品があり印象に残ります。花びらがキラキラ輝くダイヤモンドリリーが美しい！

WINTER

クリスマスが誕生日の友人へ

「冬のバイオレットが新鮮なアレンジ」

あえてクリスマスを感じさせない花色で、というオーダーで、深みのあるバイオレットでアレンジしました。赤や緑で埋め尽くされるこの時期にとても新鮮！

flower picture book

PURPLE

紫の花図鑑

紫といっても色幅が広く、青紫寄りの色はすっきりと爽やかな雰囲気、赤みが強い紫はクラシックで気品のある雰囲気、と受ける印象が異なります。贈るかたの好みにあう紫、また季節にふさわしい紫を選んでください。

スイートピー
‘みやびのかなで’

スイートピーの産地の一つ、宮崎県のオリジナル品種。気品のある紫で、つややかな花色が美しい。白花を加えて明るめに仕上げて。
◆冬～春

チューリップ
‘ミステリアスパーロット’

花びらがうねるようにカールするパーロット咲きで、花が開いてくるとミステリアスな雰囲気に。妖艶な印象で形も色も個性的。
◆冬

スカビオサ
‘ユウセイ’

スカビオサ生産の名手、長崎県雲仙市「フラワーガーデン寺尾」の品種。紫の周囲を白が縁取る花は気品を感じさせる。
◆周年

スカビオサ
‘ナナブルー’

透明感のあるラベンダー色が美しく、存在感がある。ナチュラルな贈り花に仕上げたいときに。どんな花色とも合わせやすく使い勝手◎。
◆周年

アネモネ
‘モナリザ ブルーシェード’

花びらの縁にかけて青紫から白くなる美しい品種。花が大きくよく目立つ。暗い印象にならないようパステルカラーを加えるとよい。
◆冬～春

パンジー
‘フラメンコ ホワイト2ライラック’

かわいらしいフリンジのパンジーで、白と紫が半々くらいで混じり合う。メリハリのきいた花色はよく目立ち、インパクトのある仕上がりに。
◆冬～春

パンジー
‘フリズルシズル バーガンディー’

花びらの縁に入るフリルが細やかなことで人気が高い。気品があり、エレガントさを漂わせる。紫好きな大人の女性への贈り花に。
◆冬～春

※「◆」は出回り時期です。

リューココリーネ
‘パープレアストライプ’

庭では春に咲く球根花で、繊細な茎にすっきりした美しい花をつける。これは淡い紫に白と濃い紫のストライプが入るしゃれた品種。
◆冬〜春

デルフィニウム
‘オーロラ モーヴ’

ジャイアント系の人気シリーズで、モーヴとは薄く灰色がかった紫色。光るようなニュアンスのある花色が個性的。ロングステムブーケに。
◆周年

デルフィニウム
‘オーロラ ラベンダー’

透明感のあるラベンダー色は胸がすくような気持ちよさがある。先端の蕾の淡い緑色のナチュラルな雰囲気を生かした贈り花にしたい。
◆周年

デルフィニウム・シネンシス
‘ラベンダーサファイア’

ジャイアント系とは異なる繊細なスプレータイプ。八重咲きの品種でボリューム感がある。スプレータイプは切り分けて使えるのが魅力。
◆周年

カンパニュラ
‘ピクシーベル’

山形県山形市「細谷園芸」のオリジナル品種。山野草のような華奢な株姿に似合わず、とても丈夫な性質で、花もちも抜群。
◆初夏

アジサイ
‘グロウイングアルプス クラシックパープル’

最近人気のアンティーク系の花色で、黄緑色から淡い紫へと変わるさまが美しい。アジサイは同じ品種でも出荷時期で花色が多少異なる。
◆秋

ラベンダー

「ラベンダー」は印刷などの色見本としても使われるほど魅力的な青紫。心を癒やす作用のある爽やかな香りも一緒に贈りたい。
◆初夏〜秋

クレマチス
‘ルリオコシ’

淡いラベンダー色の八重咲き品種で、ロマンチックな雰囲気。蕾の淡い緑色もナチュラル。庭花で人気が高いが、切り花でも注目の花。
◆初夏

クレマチス
‘麻里’

ふっくらしたベル型の花がとても愛らしく、深みのある紫色も鮮やかで美しい。つるや葉もブーケやアレンジに加えると動きが出る。
◆夏〜秋

キキョウ

透明感のある花色、ふっくらした花形を好む女性が多い。出回り時期が短いので、敬老の日など季節感のある贈り花に最適。
◆秋

アスター
‘ボブ シルバーブルー’

比較的新しい品種で、咲き始めの白からラベンダー色へと色変わりが楽しめる。透明感のある花色は、見惚れるほど美しい。
◆周年

アスター
‘ボブ バイオレット’

深みのある紫が美しく、気品を感じさせる。八重咲きの丸い花は大きく、少ない本数でもボリューム感が出せる。
◆周年

リシアンサス
‘NFマーブルブルー’

長野県千曲市「ナカソネリシアンサス」のオリジナル品種で、ラベンダー色と白のマーブルが個性的。2色の混じり具合が絶妙な美しさ。
◆周年

リシアンサス
‘ハピネス ブルーチーク’

明るいパープルと白が花全体に混じるさまが美しく、花形も整っている。大輪品種で、メインでも脇役でも存在感を示してくれる。
◆周年

リシアンサス
‘NFバイオレット’

深みのある紫色はなかなか珍しく、リシアンサス育種の名手「ナカソネリシアンサス」によるもの。バラに劣らぬ高級感も魅力。
◆周年

アスチルベ
‘ライトパープル’(染め)

明るいパープルに染め上げた品種。くすみのない花色は見事で、ナチュラル感もある。繊細な花は、脇役として欠かせない存在。
◆春・秋

ラナンキュラス
‘M-ブルー’

暖色系の印象が強いラナンキュラスには、こんなしゃれた紫もある。水彩絵の具で染めたようなグラデーションは見飽きない美しさ。
◆冬～春

ラナンキュラス
‘モロッコ セティ’

白と赤紫の絞りが美しい八重咲き品種。上品だが、花びらがカールした花姿はユニーク。‘モロッコ’シリーズは中心に黒が入るのが特徴。
◆冬～春

yellow

orange

brown

◆

イエロー

オレンジ

ブラウン

WINTER

彼女への気持ちを込めたプロポーズの花
「太陽のような輝きを持つラナンキュラスのブーケ」

明るくていつも元気をくれる女性に似合うよう、つやつやのラナンキュラスをメインに黄色とオレンジ色の花を束ねました。ナノハナや豆軍配ナズナを加え、ナチュラルに仕上げて。

SPRING

ミモザの日にすべての女性に贈りたい
「個性的な花合わせのミモザブーケ」

3月8日は「国際女性デー」、そして「ミモザの日」。そんな日に贈りたいミモザとフリチラリア・メレアグリスのブーケを作りました。シンプルな花合わせがしゃれた雰囲気を生み出します。

SPRING

転職する仲間へ、惜別の贈り花
「金の扇という名前のバラを束ねて」

フランス語で「金の扇」という意味の名前を持つバラを、新たな一歩を踏み出す仲間への贈り花に選びました。くすみ系の花色がエレガントで、大人っぽい雰囲気を演出します。

SPRING

結婚祝いの花を親しい友人へ
「フレッシュ感を大切にしたダリアアレンジ」

新婚のご自宅に飾ると聞き、透明感のある淡いアプリコット色のダリアをメインに、フレッシュ感のあるアレンジに。大輪のダリアには豪華さもあり、結婚のお祝いにもぴったり。

SPRING

退職する先輩に名残惜しさを込めた花を「シックなチューリップで春の名残のブーケに」

珍しいオレンジブラウンのチューリップと、同系色のスカビオサをシンプルに束ねて、春の名残を感じさせる贈り花に。動きのあるバイモユリのつるが豊かな表情を引き出します。

SUMMER

クリニックに飾るお祝いの花
「清潔感のある明るいサマーブーケ」

新しい院長にスタッフの皆さまからお祝いのブーケを。オレンジ色のバラ2種に白いランとカラーを加えました。クリニックの明るく清潔なイメージを大切に。

AUTUMN

ヒマワリのように明るい友人の誕生日に贈る

「晩夏のヒマワリアレンジ」

9月に入るとまだ暑くても気分は秋。そこで花心が赤みを帯びて、どことなく秋色を感じさせるヒマワリと、爽やかなレモン色のヒマワリを合わせました。

AUTUMN

セレクトショップのオープン祝いに

「元気色のボックスアレンジ」

開店の準備で疲れている友人を元気づけたい、というオーダーから、太陽を思わせるようなオレンジ色を選びました。ふたを開けたとたん「わーっ!」と声があがることを期待して。

WINTER

感謝の気持ちを込めて退職する女性に贈る
「個性的な花色合わせのしゃれたブーケ」

山吹色はラナンキュラスとパンジー。グレーは染めのアスチルベ。この色合わせは服ではあっても花では珍しい！お客さまの希望でしたが、とても新鮮で素敵な色合わせです。

WINTER

年末年始のリビングを彩る花
「ガーベラの新春ブーケ」

花びらが細い筒状のガーベラと蛍光色のような黄緑色のガーベラ。素敵なガーベラをメインにしたブーケは、初々しさを感じさせ、新春の気分を盛り上げます。

flower picture book

YELLOW ORANGE BROWN

黄色・オレンジ・茶色の花図鑑

自然界では黄色系の花が非常に多く、それは青空を背景によく目立ち、ミツバチなどが見つけやすいからともいわれています。元気な印象の黄色やオレンジ色、シックな雰囲気の茶色のおすすめ花を紹介します。

パンジー
'カルメン'

群馬県富岡市の「みやび花園」オリジナルのフリルパンジー。黄色系をメインに、ピンクや薄紫などのミックスで出回る。
◆冬～春

フリージア
'エアリーイエロー'

「優雅な春の女神」という'エアリーフローラ'の黄花で、石川県のオリジナル品種。透明感のあるレモンイエローが美しく、芳香も魅力的。
◆冬～春

ミモザ

3月8日の「ミモザの日」前後は花屋さんに豊富に出回る。輝くような黄色の小花が女性に大人気。ミモザだけを束ねても素敵。
◆春

アルストロメリア
'朧月'（おぼろづき）

日本で育種されたスポットレスタイプで、透明感のある花色が魅力的。'朧月'という品種名もロマンチック。花もちもよい。
◆周年

カーネーション
'ミモザ'

黄花のカーネーションはそれほど多くなく、とくにこの透き通るような花色は貴重。ふんわり軽やかなボリューム感が出る。
◆周年

ヒマワリ
'レモンエクレア'

レモンイエローの半八重咲き品種。花びらが重なりあって咲くので、動きがあり1輪ずつ異なる表情に。無花粉で汚れにくく扱いやすい。
◆夏～秋

ヒマワリ
'サンリッチ ライチ'

花粉が出ないので汚れにくく、切り花に向くシリーズ。なかでもいちばんのお気に入りがこれ。花心が赤みを帯びるのがおしゃれ。
◆夏～秋

※「◆」は出回り時期です。

バラ
‘マリーローランサン’

フランスの女性画家の名前をもつ黄色のバラ。丸弁の優しい花形で、少し緑色がかったレモン色が素敵。芸術好きなかたへ贈りたい。
◆周年

バラ
‘カタリナ’

少しだけ赤みを含んだ、ニュアンスのあるかわいらしい卵色。カップ咲きで、咲き進むとふんわりとしたゴージャスな花形になる。
◆周年

バラ
‘ライムローズベール’

フランスで育種されたスプレーバラで、佐賀県「JAさがみどり」で生産。くしゃっとした花形が逆に優しさを感じさせる。
◆周年

カラー
‘キャプテン ソロ’

発色のよさが魅力の人気シリーズで、黄花の鮮やかさも見事。花のふちに入る緑も美しい。花の面積が広く少ない本数でも目立つ。
◆周年

グロリオサ
‘セントレアマスコットイエロー’

朱色が一般的なグロリオサだが、これは卵色の個性的な品種。繊細で動きのある花形は贈り花の表情を豊かにしてくれる。花もちもよい。
◆周年

エキナセア
‘レモンアイビュー’

大きな花心の周囲に花びらがパラパラとつく花姿がユニーク。ピンク系が多いエキナセアのなかで貴重な存在。花が少ない夏にも出回る。
◆夏〜秋

リコリス・エルジアエ

秋に咲く球根花で、ヒガンバナもリコリスの仲間。淡い黄色が涼やかで長いしべが表情豊か。出回り時期が短く貴重。
◆秋

ダリア
‘レモンキャンディー’

整った花形のボール咲きで、黄色の花びらに白が少し入るのがしゃれている。使いやすい中輪で、開きかけの蕾もかわいらしい。
◆周年

ケイトウ
‘リップクリーム’

繊細な折りひだが美しく、光沢のある淡いクリーム色で、高級感を感じさせる。これは新潟県「JA越後中央」の生産。
◆夏〜秋

キルタンサス

春の球根花で、長い筒状の花がユニーク。愛らしいアプリコット色で、冬に出回り始めたら真っ先に使いたい。贈り花に動きがつく。
◆冬～春

カーネーション
‘ピッピミナミ’

香川県高松市「真鍋農園」育種の人気シリーズ。アプリコット色が上品で花もちもよい。ふわっとしたボリューム感で使い勝手がよい。
◆周年

カーネーション
‘ゆず’

名前は‘ゆず’だが、かわいらしいアプリコット色でつや感がある。どんな花色とも合わせやすく、ほどよいボリューム感。花もちもよい。
◆周年

バラ
‘ラ カンパネラ’

波打つようなフリルが美しく、濃淡アプリコット色のグラデーションもすばらしい。‘オークランド’というオレンジのバラの突然変異種。
◆周年

エキナセア
‘シュープリームカンタロープ’

少しくすんだ色調のサーモン色で、アンティーク感が漂う。花心に向けて色が濃くなる変化もしゃれていて、夏の花には珍しい色調も魅力。
◆夏～秋

ガーベラ
‘パスティーニ コルヴァーラ’

静岡県牧之原市「アドアー フローカ」生産で筒状の花びらがユニークな品種。淡いアプリコット色も愛らしく、存在感を発揮。
◆周年

ダリア
‘ヴァニラ’

濃淡アプリコットのグラデーションが絶妙な、とても美しいダリア。蕾のナチュラルな表情も、満開の華やかな表情もよい。
◆周年

リシアンサス
‘NFマンゴー’

花色が豊富なリシアンサスには、こんなにラブリーなアプリコット色もある。花びらのふちの繊細なフリルもとても愛らしい。
◆周年

キンギョソウ
‘ソフテイルアプリコット’

キンギョソウには愛らしい花色が多く、これは長崎県雲仙市「フラワーガーデン寺尾」の生産で、穂先までピンと鮮度抜群!
◆周年

ラナンキュラス
‘ポンポン ガーフィールド’

人気シリーズのオレンジ色は鮮やかでインパクト大! 出荷時期により緑色が混じる。フリルのある細かい花びらが重なる花姿も個性的。
◆冬〜春

ラナンキュラス
‘ラックス ロティス’

花びらにワックスを塗ったような光沢があることから‘ラックス’のシリーズ名に。優しいオレンジ色で、ほかの花にはない質感が魅力。
◆冬〜春

ラナンキュラス
‘ディーニュ’

存在感抜群の鮮やかなオレンジ色。つややかな花びらが重なる様子はバラにも似ていて、とても優雅な雰囲気がある。
◆冬〜春

カーネーション
‘リフレッシュ’

濃淡アプリコット色ののりが見事なカーネーションは長崎県雲仙市「TSUYOSHI FLOWER」生産。さすがのクオリティの主役花。
◆周年

バラ
‘カルペディエム+’

広島県のバラ生産の名手「京果園 神田」生産で、上品なオレンジ色が魅力的。整った花形も美しい。品種名は「その日に摘め」の意。
◆周年

バラ
‘オレンジロマンティカ’

ひと花に濃淡オレンジ色がくっきり出る品種で、美しさの中に妖艶さも感じられ、ドラマチック。オレンジ色のバラのなかでもとくに人気。
◆周年

バラ
‘ブラッドオレンジ+’

広島県竹原市「京果園 神田」が得意とする品種で、本来の花色をここまで引き出せる栽培技術は見事。波打つような花びらも美しい。
◆周年

ダリア
‘NAMAHAGE MASARU’

秋田県とダリア育種の名手、鷲澤幸治さんとのコラボから生まれた切り花品種。オレンジと白の対比が美しく、すっきり華やかな印象。
◆周年

ケイトウ
‘アプリコットビューティー’

オレンジ色の濃淡も、細やかな折りひだも美しい。夏には太陽の色に見えるが、9月に入ると秋の雰囲気にもしっくりなじむ。
◆夏〜秋

ラナンキュラス
‘マジェスティー’

少し黒みのあるオレンジ色は、ゴールドにも見え妖艶な雰囲気。グラデーションも美しく、この花が加わるとぐっと大人っぽい雰囲気に。
◆冬〜春

シンビジウム
‘鈴の音りんりん’

高知県宿毛市「石田蘭園」生産の小型シンビジウム「テーブルシンビ」の1品種。ほかの花色にはない茶系が個性的で高級感がある。
◆冬〜春

シンビジウム
‘散歩道’

これも「石田蘭園」の「テーブルシンビ」。‘鈴の音りんりん’より花が小ぶりでかわいい。愛らしい品種名は贈られたかたも思わず笑顔に。
◆冬〜春

チューリップ
‘ラ ベルエポック’

くすみ系のオレンジ色は茶色にも見え、不思議な印象。チューリップはどんな花色も見つけられる。シックな雰囲気は園芸でも大人気。
◆春

バラ
‘エバンタイユドール’

品種名はフランス語で「金の扇」。くすんだ淡いオレンジ色がエレガントで、大人の女性にぴったり。くすみ系バラの次世代品種として期待。
◆周年

バラ
‘デザート’

‘デザート’はスイーツではなく砂漠の意味。少しくすんだ花色にアンティーク感があり、加えると贈り花がぐっと落ち着いた雰囲気になる。
◆周年

バラ
‘オリエンタルキュリオーサ’

くすんだサーモンピンクの大輪バラで、エレガントななかに落ち着いた印象がある。半剣弁高芯咲きの整った花形も美しい。
◆周年

バラ
‘ジュリア’

1976年にイギリスでデビューした際には、それまでにないブラウンの花色に注目が集まった。くすみ系のバラの先駆けとなった品種。
◆周年

リシアンサス
‘アッシュ’

引き込まれるような妖艶な雰囲気で、アンティーク感を出したいときに効果抜群。花によって色みが異なり、幅広いグラデーションが描ける。
◆周年

red

◆

レッド

WINTER

友人が集う新年会の手土産に「アンティーク風のラナンキュラスブーケ」

会場となるお宅は、アンティークな家具が置かれたクラシックな空間と伺い、くすみ系の花色の大輪ラナンキュラスをメインに、華やかさとシックさを併せ持つブーケに。

WINTER

自身の誕生日に両親に感謝を伝える「真っ赤なスイートピーのあでやかなアレンジ」

くすみのない明るい赤が美しいスイートピーをメインに、アネモネやラナンキュラスでボリュームアップ。赤からピンクのあでやかなグラデーションを描きました。

WINTER

ご主人から奥さまへ、結婚記念日に贈る花
「1月21日に贈りたい赤いスイートピー」

松田聖子さんの「赤いスイートピー」がリリースされた1月21日は「スイートピーの日」に制定されています。それにちなみ、赤いスイートピーにミモザを足して華やかに束ねました。

WINTER

退職する同僚に感謝を込めて贈る「赤とピンクの早春のブーケ」

職場を明るくしてくれたという女性へ、赤とピンクの花を集め、華やかなブーケを作りました。シックな色のリーフをプラスして落ち着き感を出しています。

SPRING

お母さまの還暦を祝う「赤いバラのナチュラルブーケ」

還暦といえば赤ですが、グリーンをたっぷり加えるとナチュラルで新鮮な印象のブーケに仕上がります。国産のバラはクオリティが高く、贈り花に欠かせない存在です。

SUMMER

ベーカリーのオープン祝いに
「お店のモチーフカラーを花でアレンジ」

お店のインテリアなどの色使いが赤と黒と伺い、赤いバラと黒いベリーでアレンジ。お店に飾ったときに違和感なくなじむと思います。白花を少し加えて軽快な雰囲気に。

AUTUMN

優勝したチームに祝福の花を「チームカラーのビクトリーブーケ」

紅白のダリアをふんだんに使い、さらに赤い花々を重ねたブーケ。これほど赤く染まるブーケを作ることは滅多にありません。チームカラーの赤を花でアピールしました。

AUTUMN

遠方で暮らす友人へ還暦のお祝いを「輝く赤を際立たせた秋のアレンジ」

秋にしか出回らないダイヤモンドリリーのキラキラと輝く赤花をメインにしたアレンジ。シックで優しい色のダリアや紅葉、実ものを加え、さらに秋らしさを盛り上げました。

WINTER

小さなクリスマスツリーを実家へ
「テーブルにも飾れるトピアリー型アレンジ」

バラや針葉樹、実ものなどでクリスマスツリーに見立てたトピアリー型のアレンジメントを作りました。散らすように挿したヤドリギの小枝でクリスマスのムードがさらに盛り上がります。

WINTER

花器も一緒に贈るアイディアが楽しい「ふっくらかわいいクリスマスアレンジ」

アンティーク風の味わいのあるガラス器をご持参で、これにアレンジをというオーダー。定番のクリスマスカラーながら蕾の花を集め、ふっくらとかわいらしい雰囲気にまとめました。

flower picture book

RED

赤の花図鑑

花色のなかでいちばんよく目立つのが赤ですが、朱赤やピンクが少し混じるマゼンタ、くすみ系などニュアンスが少しずつ異なります。お祝いの花、大人っぽいかたに贈る花など、シチュエーションに合う赤を選びましょう。

スイートピー ‘カルメン’

スイートピーの産地の一つ、岡山県倉敷市船穂町の「JA晴れの国岡山」のオリジナル品種。華やかながら、大人っぽい雰囲気も。
◆冬～春

スイートピー ‘アカープ’

毎年宮崎県日南市でキャンプを行う広島東洋カープを応援しようという宮崎県生まれの品種。明るい赤で花びらのひらひらが軽快。
◆冬～春

ラナンキュラス ‘ポンポン ドラコ’

花心に緑色が少し混じるさまがミステリアスな雰囲気。ラナンキュラスの花色はいずれも発色のよさが魅力だが、この赤は迫力を感じる。
◆冬～春

ラナンキュラス ‘ポンポン オーロラ’

少しピンク寄りの赤が優雅で、緑色が混じる花姿は個性的。大輪のシリーズなので1輪でもボリューム感があり、インパクトも大きい。
◆冬～春

ラナンキュラス ‘ラックス ムーサ’

あでやかな赤に少しだけ入るシルバー調の色によって、どことなくメタリックな質感を感じさせる品種。花びらに独特のつや感をもつ。
◆冬～春

アネモネ ‘ミストラル スカーレット’

朱赤に少しマゼンタが混じる赤は、エレガントな雰囲気。アネモネは開きかけの蕾の表情も愛らしいので、蕾から利用するとよい。
◆冬～春

シャクヤク ‘レッドグレース’

少し黒を含んだ深紅が気品を感じさせる。ボール状の大きな蕾はリンゴにそっくりの愛らしい姿なので、ぜひ蕾の状態でのアレンジも。
◆初夏

※「◆」は出回り時期です。

バラ
‘ファーストエディション’

落ち着いた赤がとても美しく、フリルが入る花びらが重なる繊細な花形がエレガント。広島県の「京果園 神田」が生産を得意とするバラ。
◆周年

バラ
‘ルージュリアン’

華やかな赤が欲しいときはこの品種。抜群の発色で、しかも品のよい赤なのでインパクトがある。ギュッと締まった花形も美しい。
◆周年

バラ
‘ブリランテ’

名前の通り輝くような花色。赤バラの中でも定番人気の品種で、安定して花形が美しいのも魅力。トゲが少ないので扱いやすい。
◆周年

バラ
‘フルフル’

落ち着いた赤に淡い赤の絞りが入るおしゃれな品種。時期によって絞りの色がさらに白くなる。バラらしい丸みのある花形もかわいらしい。
◆周年

カーネーション
‘ナポレオンレッド’

香川県高松市「香花園」の華麗な品種で、少し落ち着きのある赤に白い絞りが入り、とてもしゃれた花色が魅力的。
◆周年

ワレモコウ
‘バイカラー’

秋の風情を感じさせるワレモコウには、ピンクと赤のかわいらしい品種もある。落ち着いた雰囲気があり、季節感の演出に大活躍。
◆秋

エキナセア
‘エキセントリック’

大きな花心が飛び出すような立体的な花形が個性的。あざやかな赤でとにかくよく目立つ。花名通り情熱的な雰囲気を感じさせる。
◆夏～秋

ジニア
‘キャンディーポップ カーマイン’

花びらがマットな質感のためか、花色がより鮮やかに見える。キャンディーのような丸い花形もキュートで、使いやすいサイズ。
◆初夏～秋

アスター
‘ボブ クリムゾン’

大輪八重咲きのボリューム感のある人気シリーズで、ピンクがかる赤が華やかで魅力的。丸く整った花形も美しい。
◆周年

ダリア
‘恋金魚’

少しピンクがかった赤から白へのグラデーションが華やかな品種。フォーマルデコラ咲きの整った花形がとても美しく存在感がある。
◆周年

ダリア
‘ラララ’

ダリアには紅白のバイカラーが多いが、これは品種名も楽しげで個性的。日本が誇るダリアの育種家、鷺澤幸治さんの作出。
◆周年

ダリア
‘橙炎’(とうえん)

秋田県の大曲の花火大会にちなんだダリアの1種。鮮やかな朱色はまさに打ち上がる花火の色。花びらのゆらめきも炎のよう。
◆周年

ノリウツギ

アジサイの仲間ながら、夏に花が咲くノリウツギの園芸種で水無月とも呼ばれ、秋には花がピンクから赤へと変化する。
◆夏～秋

ダイヤモンドリリー

ネリネのなかでも花びらにキラキラと輝きのある種類がダイヤモンドリリー。繊細な花姿のため、華やかな朱赤にも気品が感じられる。
◆夏～秋

ケイトウ
‘アスカセレクト レッド’

吸い込まれそうに深い赤のなんと格調高いことか！ 折り重なる美しいひだもインパクトが大きく、赤をアピールしたい贈り花におすすめ。
◆夏～秋

スカビオサ
‘ストロベリースクープ’

スカビオサには珍しい赤花。花が小さめなのもかわいらしく、使い勝手もよい。ブーケやアレンジに散らすように加えるとリズム感が出る。
◆周年

チョコレートコスモス
‘赤ショコラ’

黒に近い茶色のシックな花色が知られるが、なかには赤みの強い品種もある。気品のある花色で、大人っぽい雰囲気が魅力的。
◆周年

オキシペタルム
‘インカレッド’

水色の花は‘ブルースター’として知られるが、オキシペタルムにはこんなに鮮やかな朱赤もある。流通量が少ない希少な品種。
◆冬～春

green

◆

グリーン

WINTER

お母さまを想う花
「穏やかな印象のパステルアレンジ」

優しいお母さまのイメージからパステルカラーを選んでアレンジしました。アネモネ、リシアンサス、アスチルベ、スイートピーなど、この時期は穏やかな花色が豊富に揃います。

SPRING

娘さんから結婚記念日を迎える両親へ
「エバーグリーンのフレッシュアレンジ」

いつまでもフレッシュで若々しくいてほしいというメッセージを込めて、緑色の花と葉をたっぷり使ったアレンジに。スズランのみずみずしい葉で外側をぐるっと巻きました。

SUMMER

叔母さまの出版記念パーティを祝う
「黄緑×ラベンダーの上品なアレンジ」

ラベンダー色のリシアンサスと黄緑色のジニアを対比させたアレンジ。昔から着物でもよく用いられるこの色合わせは、対比は強いながらも気品のある印象に仕上がります。

SUMMER

ハーブが好きな友人の結婚祝いに
「豊かに香るハーブのブーケ」

アップルミント、アップルゼラニウム、シナモンゼラニウム、グリーンカールゼラニウム、ラベンダー。ハーブの豊かなグリーンの中に、白い小花を散らすと、まるで野原で摘んだ花束のような仕上がりに。

AUTUMN

出演したラジオ番組の素敵なMCのかたへ
「清楚でかわいらしいスズランのブーケ」

スズランに蕾ガーベラとハーブを添えたシンプルなブーケです。スズランは葉もきれいなので、葉でラウンド型を描くように束ねました。ハーブの香りも漂って爽やかな気分に。

WINTER

出産後の奥さまへ、ご主人からのお礼の花「フレッシュ感たっぷりのグリーンブーケ」

黄緑色のリシアンサスをメインに、ビバーナムやフレッシュな葉色のアップルミントなど、たっぷりのグリーンの中に、星形の小花を散らすとかわいらしい雰囲気のブーケに。

flower picture book

GREEN

緑の花図鑑

ナチュラルな雰囲気の贈り花が人気となって以来、緑系の花色がどんどん増えています。花としての利用はもちろん、葉のかわりに使うこともでき、ブーケやアレンジでは欠かせない存在です。

ラナンキュラス ‘ホワイトベール’

盛り上がる花心は鮮やかな緑色、外側の花びらは白。ユニークな花形ながら、ナチュラルな花色合わせで、庭花でも大人気の品種。

◆冬～春

チューリップ ‘スーパーパーロット’

うねる花びらが個性的なパーロット咲きの、緑色と白のバイカラー品種。清楚で爽やかな花色は魅力的。花が開くと驚くほどの存在感。

◆冬

ジニア ‘クイーンライム’

染めではなく、自然の花色でこんなに鮮やかな黄緑色が出るのは驚き! 大輪品種で、時期により少しくすんだアンティーク感のある黄緑に。

◆初夏～秋

蕾ガーベラ ‘グリーンスパイク’

静岡県牧之原市の「アドアー フローカ」の蕾で出荷するガーベラで、繊細な花びらと鮮やかな黄緑が魅力。花心の黒との対比も美しい。

◆周年

パフィオペディラム ‘ストライプグリーン’

白い花びらに緑色のストライプ柄が入る、しゃれたラン。爽やかでスポーティな印象が魅力的で、1輪だけ加えてもアクセントになる。

◆周年

リシアンサス ‘アンバーダブルモヒート’

フレッシュな黄緑色で、細やかなフリンジの入る美しい花形。ボリューム感たっぷりで、花として、またグリーン花材としてもよく利用される。

◆周年

マム ‘アナスタシアグリーン’

鮮やかな黄緑も、筒状の花びらが踊るような花形もすばらしい。雰囲気のある表情も魅力的。ポンポンマムにも黄緑の品種がある。

◆周年

※「◆」は出回り時期です。

black

ブラック

AUTUMN

久しぶりに訪ねる友人への手土産に「チョコレートコスモスのナチュラルブーケ」

利用しやすい黒花といえば、チョコレートコスモス。さまざまなハーブの中に黒花をちりばめて束ね、心地よく香るブーケにしてみました。シンプルな色使いが記憶に残ります。

AUTUMN

ヘアサロンのオープンを祝う

「ホワイト&ブラックの個性派アレンジ」

真っ黒なカラーと白の花びらの中心が黒いモダンなアネモネ。黒×白という花色には珍しいモノトーンも、モード系のヘアサロンならしっくりなじんで喜ばれるでしょう。

flower picture book

BLACK

黒の花図鑑

数は少ないながら、限りなく黒に近い花色もあります。シックにしたい、モダンにしたいときなどに黒花を少し加えるだけで効果は抜群。また、個性的な贈り花にしたいときにもぜひ利用したい花色です。

ラナンキュラス
‘ブラックジャック’

黒みを帯びた濃い紫。これは十分黒花として利用できる。つややかな花びらが美しく、これが加わるだけで贈り花全体が引き締まる。
◆冬～春

アネモネ
‘ミストラル プラス ホワイトブラックセンター’

欧米には「マリアンヌ パンダ」という白×黒のアネモネがあることから、花屋さんの間での通称は「パンダ」。モダンな花色が魅力的。
◆冬～春

クリスマスローズ
‘ブラックパール’

光がない場所では真っ黒に見える。花形がしゃれているので、エレガントな雰囲気もある。花が大きく、個性的でかっこよさも感じる。
◆冬

クロユリ

イギリスでは「チョコレートリリー」とも呼ばれるクロユリだが、ここまで黒みが強いのは見事。花に個性的な匂いがあるので注意。
◆初夏

チョコレートコスモス

黒みを持つ花でいちばん入手しやすく、さまざまなデザインに使えるのがこの花。一年を通して出回るが、時期により花色に差がある。
◆周年

カラー
‘カントール’

黒でこれだけ面積がある花は珍しく、カラーならではの光沢も美しい。クールで大人っぽい贈り花に。光がない場所ではもっと黒に近い。
◆周年

カラー
‘メモリーズ’

漆黒のカラーのなんとかっこいいことか！ 光の具合もあるが‘カントール’以上に黒く感じられる。シックでクールなアレンジのアクセントに。
◆周年

※「◆」は出回り時期です。

mixed color

◆

ミックスカラー

WINTER

素敵な女性の誕生日を祝う
「アクセントにブルーを効かせた春のブーケ」

赤みがかったオレンジ色のラナンキュラスに、ブルーのスイートピー、ニゲラ、ムスカリ。濃淡ブルーの花がアレンジを引き締めると同時にエレガントな雰囲気にしてくれます。

SPRING

赤と青が好きなお祖母さまのバースデーに

「珍しい色合わせの個性派アレンジ」

お祖母さまは昔からおしゃれなハイカラさんだったそう。赤と青だけでは対比が強いので、白地にピンクと緑色のラナンキュラスを加え、中和させてバランスよく仕上げました。

SPRING

クリニックのオープンのお祝いに

「元気な気持ちになるミックスアレンジ」

「これは何の花？」と興味を引くような個性的なラナンキュラスをメインに、アクセントにブルーに染めたアスチルベを足しました。さまざまな花色をまとめる役をブルーが担ってくれます。

WINTER

ご主人を陰で支えてきた奥さまに贈る「ジュエリーボックスのようなアレンジ」

プロスポーツ選手の引退時に、奥さまに贈った花です。透明感のあるダリア2種に、ピンクとオレンジ色、パープル、ブルーをバスケットにアレンジ。筒型にラッピングするとボックスアレンジのよう。

flower picture book

LEAF BRANCH BERRY

葉・枝・実図鑑

花にはない色やフォルムがあり、季節感をアピールできるのがリーフや枝もの、実ものです。ナチュラルな雰囲気の贈り花という私のスタイルに欠かせない存在で、新しい種類が登場していないか、常に気にかけています。

アップルミント

ほのかに甘酸っぱい香りがするミント。スペアミントやペパーミントより葉色が明るいので花と合わせやすく、ナチュラルな贈り花に最適。
◆周年

パイナップルミント

明るい緑色にクリーム色の斑が入る葉は、ブーケやアレンジをより軽やかな印象に。アップルミントよりさらに甘い香りも心地よい。
◆周年

アップルゼラニウム

葉に芳香を持つセンテッドゼラニウムの1種。リンゴに似た甘く爽やかな香りがあり、小さな白い花を咲かせる。葉形もかわいらしい。
◆周年

斑入りローズゼラニウム

センテッドゼラニウムの中でもとくに優雅な香りで、葉に入るクリーム色の斑が軽やかな印象。香りの贈り花をしたいときにおすすめ。
◆周年

チョコレートゼラニウム

濃い緑色の中にチョコレート色の斑が入る個性的な葉が魅力的。鮮やかな花色にも負けない存在感がある。シックな雰囲気もいい。
◆周年

オキザリス
'ラッキークローバー'

本来のクローバーはシロツメグサを指すが、四つ葉のクローバーに似ていることからこの品種名に。濃い茶色の斑がおしゃれ。
◆夏～秋

スモークグラス

イネ科のグラスでほうき状に広がる繊細な花穂は光を受けるとキラキラ輝くようでとてもきれい。風を感じさせる軽やかさが魅力。
◆春～秋

※「◆」は出回り時期です。

レースフラワー
‘グリーンミスト’

レース編みのように繊細な花房が、とてもナチュラル。白花がよく知られるが、この品種は花としてもグリーン素材としても利用できる。

◆周年

ダウカス
‘ロビン’

「ノラニンジン」の和名でも知られるダウカスの赤花品種。シックな花色が本当にしゃれていて、すき間を埋める花としても活躍。

◆周年

シレネ
‘グリーンベル’

風船のような苞《ほう》も、その先端に咲く白花も愛らしい。優しい色の苞はどんな花にも合わせやすい。交配品種の‘小布施の郷’も流通する。

◆冬～春

豆軍配ナズナ

茎に連なる小さな葉が軍配のような形でとてもキュート。学名のレピディウムでも流通する。ナチュラル感を出したいときに効果抜群。

◆周年

トリフォリウム
‘花うさぎ’

大分県のオリジナル品種で、細いつるの先端につく白い花穂も小さな葉も愛らしい。軽やかな雰囲気に仕上げたいときに加えるとよい。

◆春

ラグラス

イネ科のグラスで、野ウサギのしっぽのようなふわふわの穂がかわいい。野の花風の贈り花にぜひ使いたい。ドライでも利用できる。

◆春

リキュウソウ
‘来夢’

定番グリーンのリキュウソウの新品種で、すっきりした爽やかなライム色が明るく美しい。長いつる状で、さまざまなデザインに利用できる。

◆周年

ジュズサンゴ

風に揺れるように波打つ葉が魅力的で、小さな白花が咲く。9月中旬には白花と赤い実の両方がついた状態で出回り、得した気分に。

◆夏～秋

ルビーグラス

イネ科のグラスで、淡い赤に色づく繊細な穂が美しい。秋が深まるにつれ、穂の色はより赤くなる。季節感を出す花材として重宝する。

◆秋

ビバーナム・スノーボール

淡い緑色のボール状の花房がナチュラルでかわいらしい。これほど使う花木はないくらいのお気に入り。軽やかにボリュームアップできる。
◆初夏

ライラック

フランス語の「リラ」でも呼ばれる初夏を代表する花木。薄紫の花色はそのまま色名として使われるほど有名。季節感のある贈り花になる。
◆初夏

ライラック
‘ブルー’

定番のライラックより、少し青みがかった花色の品種で、よりエレガントな雰囲気がある。すばらしい香りも一緒に贈れるのが魅力。
◆初夏

スモークツリー

別名「ケムリノキ」。煙るようなふわふわの花は、軽やかにボリュームアップしたいときに効果抜群。淡い緑色やシックな赤花がある。
◆初夏

コデマリ
‘ピンクアイス’

庭木として人気の低木で、これは葉に美しい斑が入る品種。長野県上伊那郡の「片桐花卉園」が枝ものとして出荷している。
◆秋

ヨウシュ ヤマゴボウ

丈夫な性質で野山でも見かける。若い緑色の実と熟して黒くなった実、時期によって雰囲気は変わるがどちらも動きをもたらしてくれる。
◆夏〜秋

テマリシモツケ

左のフレッシュな黄緑色は‘ルテウス’。右のシックな葉は‘ディアボロ’。贈り花のイメージで使い分けができるカラーリーフ。
◆夏〜秋

ベニスモモ
‘ファスティギアータ’

シックな雰囲気にしたいときや、全体を引き締めたいときに重宝する。一般的なベニスモモと異なり、これは秋に葉の先端がピンクになる。
◆夏〜秋

マートル

「ギンバイカ」の和名でも知られ、香りのある葉はハーブとしても利用される。熟して黒く色づいた実つきの状態で、切り花用に出回る。
◆冬

フランボワーズ(新葉)

深い切れ込みのある大きな葉で、明るい葉色はどんな花にもよく合う。特に新葉のフレッシュな葉色とやわらかな質感が魅力的。
◆春～秋

フランボワーズ(実)

赤くなりかけた実つきの状態でも出回り、ナチュラルでかわいらしい。フランボワーズはフランス語で、英語でラズベリーのこと。
◆夏

ブラックベリー

フランボワーズより実が大きく、存在感がある。赤くなったあと、さらに熟して真っ黒になった実もシックでしゃれている。
◆夏

ブルーベリー

淡緑、淡い赤、黒と熟していく過程の実色がかわいらしい。粉を吹いたような黒い実のマットな質感も素敵。流通時期を逃さず使いたい。
◆夏

エビガライチゴ

キイチゴの1種で、真っ赤な実を包む苞《ほう》の腺毛がシックで素敵。葉の裏側が真っ白なのもおもしろい。個性的でインパクトがある。
◆夏

ヒペリカム
'初霜'

定番人気の使い勝手のよい実もので、これは斑入りの華やかな品種。少し赤がのる葉色は秋の紅葉を思わせ、アンティーク感もある。
◆夏～秋

紅葉ヒペリカム
'マジカルパッション'

真っ赤な実がつくヒペリカムで、秋には赤く紅葉した状態でも出回り、それがとても美しい。これを加えるだけで秋の季節感が演出できる。
◆秋

バーゼリア・アプラタノイデス

南アフリカ原産のユニークな花で、輸入品が出回る。つぶつぶの蕾がまん丸に集まるさまがかわいらしい。灰色がかった白や茶色もある。
◆秋～冬

アロニア・アルブティフォリア

バラ科の低木で、秋に真っ赤なかわいらしい実をつけることから「オータムベリー」とも呼ばれる。季節を感じさせる効果は抜群。
◆秋

Gift flower tips

贈り花のデザインのヒント

花を贈る機会は思いのほかたくさんあります！

1年間に4000個以上の贈り花を制作していますが、その中でも一番多いのが誕生日の贈り花です。友人へのプレゼントはもちろん、ご主人から奥さまへの誕生祝いのオーダーもよくあります。また、結婚記念日の花の依頼をご主人からいただくことも。最近は結婚式を挙げた日と入籍した日が異なるケースも多いようで、若いご主人から「入籍記念日なんです」というオーダーも。ご夫婦や友人の間で何かの記念日＝アニバーサリーがたくさんあるのは、それだけ花を贈る機会も増えるということ。花が幸せな関係の継続に役立つのは、花屋にとってはうれしい限りです。そんな中、「こんな贈り花の機会もあるのか」と感心させられた、素敵な贈り花のエピソードをいくつかご紹介します。

仕事で落ち込んでいる奥さまへ。「元気を出して」の励ましのブーケ

奥さまがとても疲れているという状況に気づき、元気づけるために花を贈りたいというご主人からの依頼。その細やかな気配りと優しさに心打たれました。こんなに何気ない贈り花ができる男性は、ふだんから花を贈ることに慣れていらっしゃるのでしょう。きっと奥さまは緊張続きだったのだろうと考え、クリーム色や少しくすんだピンクをたっぷりのグリーンの中に散らしたブーケを作りました。花形も尖ったものは避け、丸いエキナセアや折り重なるひだが美しいケイトウを選んでリラックス感を。

◆花材／エキナセア‘レモンアイビュー’、ケイトウ‘アスカセレクト グリーン’‘プティフルーツ マーメイドピンク’、豆軍配ナズナ、スノーフレークゼラニウム、ポリシャス

自身の誕生日に両親へ

アメリカのシアトルで暮らす女性が毎年自分の誕生日に、日本で暮らす音楽家の両親へ贈っている花。「この命をありがとう、二人の娘であることを誇りにこれからもがんばります」という気持ちを花にのせて両親に届けたいとのこと。誕生日にこういう贈り方もあるんだなあと感心しました。誕生日の1月21日はスイートピーの日なので、スイートピーも加えて。

◆花材／スイートピー‘キャンディーポップ’、アネモネ‘モナリザ ブルーバイカラー’‘ミストラル アジュール’‘ミストラル タイガー’、ラナンキュラス‘リナ セティ’、リシアンサス‘アンバー ダブルモヒート’、チューリップ‘クラウン オブ ダイナスティ’、シレネ‘グリーンベル’、銀葉アカシア

素敵な絵本を借りたお礼に

『いらないねこ』という絵本を貸してくれた友人に、すごく素敵だった！という気持ちを伝えるために、アレンジを添えたい、というオーダーです。主人公は灰色のネコのぬいぐるみ。かわいらしくてシックな絵本に似た花色でアレンジを制作しました。

◆花材／アネモネ‘八重咲きレッド’、アスチルベ‘グレー’（染め）、スイートピー‘アッシュブルー’（染め）、ハーデンベルギア、ルピナス、銀葉アカシア

奥さまへ「ありがとう」の贈り花

7年前に結婚式の花を担当したご主人からのオーダー。お店にいらっしゃり、赤ちゃんができたことを話してくださいました。どうしても直接報告したかったというご主人のうれしそうな顔を見ていたら、こちらまで幸せな気持ちになりました。

◆花材／リシアンサス‘アンバー ダブルモヒート’、オキシペタラム‘マーブルホワイト’、ヒヤシンス‘チャイナピンク’、ビバーナム・スノーボール、アップルミント、スノーフレークゼラニウム、銀葉アカシア

花屋さんになりたいという息子さんに

将来、花屋さんになりたいという4歳の息子さんへの贈り花です。お母さんは息子さんの好きな色を集めたブーケをプレゼントしようと思ったそう。花屋さんに憧れる彼に、できるだけたくさんの花を見せてあげたくて、グリーン花材も含めて9種類を使ってブーケにしました。

◆花材／バラ‘ラナンキュラ創’（フルブルーム）、パンジー‘バレリーナ’、オキシペタラム‘ピュアブルー’、ハボタン‘クリスタルスノー’（染め）、ラナンキュラス‘M-ピュアピンク’、スカビオサ‘スノーメイデン’、ニゲラ‘ミスジーキル’、シレネ‘グリーンベル’、アップルミント

ブーケにするか、アレンジにするか
贈り花の基本のスタイルは2つ

贈り花をオーダーをするとき、まず決めたいのがそのスタイル。大きく分けて2つのタイプがあります。花を束ねる「ブーケ」は、ナチュラルな雰囲気に仕上がりやすく、手に持った際の美しさも魅力。直接手渡すお祝いの席などでは、よりドラマチックな演出ができます。フローラルフォーム（オアシスなど）を利用してバスケットなどの器に花を挿す「アレンジ」は、届いたらそのまま飾れるのが何よりの魅力。お店やクリニックのオープン祝いに贈ったり、パーティの会場や受け付けに飾る場合は、花びんの用意がなくても飾れるアレンジのほうが喜ばれるでしょう。どちらのスタイルも盛夏以外は遠方への送付も可能。

Bouquet
ブーケ

- ナチュラルな雰囲気に仕上がりやすい
- 手にしたさまがよりドラマチック
- 茎の長い花も利用しやすい

クリスマスローズとつやのあるラナンキュラスの
鮮やかな花色を束ねた早春のブーケ。

◆花材／クリスマスローズ‘フローレンスローズリップル’、ラナンキュラス‘ラックス’、金葉アカシア

Arrangement
アレンジ

- 花びんの必要がなく、そのまま飾れる
- 花が固定されているので遠方へ送る際も崩れにくい
- 器も含めた素敵なコーディネートができる

レストランで行われる誕生日の食事会の
テーブルを飾る秋のアレンジ。

◆花材／ダリア‘ヴァニラ’、アスター‘マッシュ サーモン’、リシアンサス‘NFモナピンク’、シンフォリカルポス‘マジカルメロディ’、紅葉ヒペリカム、ベニスモモ‘ファスティギアータ’、豆軍配ナズナ、ゼラニウム

- Bouquet -

ラブリーなラウンドブーケ

ガーベラやバラなどの丸い花形を生かしたボール状のブーケ。お子さまの誕生日ブーケなどは持ちやすいよう小ぶりに仕上げて。

◆花材／ガーベラ‘ガーデンゴースト’‘ファンシースパーダ’、バラ‘ペッパーベリー’、デルフィニウム‘シフォンブルー’、アップルミント、パイナップルミント、テマリシモツケ‘ルテウス’

爽やかなナチュラルブーケ

存在感のあるバラをメインにしても、グリーン花材をたっぷり加え、ラウンドの形から少し飛び出すように束ねるとナチュフルな雰囲気に。

◆花材／バラ‘ソフィアローレン’‘オール4ラブ+’、カーネーション‘コットンキャンディ’、ケイトウ‘プティフルーツ マーメイドピンク’、ヨウシュヤマゴボウ、スペアミント、豆軍配ナズナ、ポリシャス

クールなロングステムブーケ

デルフィニウムやストック、季節の枝ものなど、ステム（茎）が長い花材を使うときのスタイルです。背の高い方が手にするとかっこいい！

◆花材／デルフィニウム‘ライラ’、ホタルブクロ、アストランティア‘ローマ’、セアノサス‘マリーサイモン’

- Arrangement -

ふんわり春のアレンジ

カーネーション、スイートピーなどふわっとした花を集めると優しい印象のアレンジに。春らしいパステルカラーを選んで。

◆花材／フリージア‘エアリーシルク’、カーネーション‘シルクミナミ’、アネモネ‘モナリザ ラベンダーシェード’、スイートピー‘アッシュブルー’（染め）、アップルミント、銀葉アカシア、ユーカリ

くっきり印象的なアレンジ

バラ、ガーベラ、エキナセアと丸く大きな花をこんもりと挿したアレンジ。花色を統一すると遠目からでもよく目立つアレンジになります。

◆花材／バラ‘オール4ラブ+’、蕾ガーベラ、エキナセア‘サザンベル’‘バブルガム’、アップルミント、スペアミント、シルバーキャット

ボリューム感のあるアレンジ

アクセントにブルーを加えた初夏のピンクアレンジ。まん丸のシャクヤクの蕾が開くとさらにボリュームアップ。

◆花材／シャクヤク‘エッチドサーモン’‘ミセスルーズベルト’、マーガレット‘ドリームカシス’、アスチルベ‘アイブルー’（染め）、ケイトウ‘グリーンティアラ’、アストランティア‘ローマ’、セアノサス‘マリーサイモン’、豆軍配ナズナ、チョコレートゼラニウム

個性的なスタイルも取り入れて
贈り花をもっと楽しむ

ブーケとアレンジ、どちらの場合も、アイディアを加えてより印象的な贈り花にすると、もらったかたが受けるインパクトもより強くなります。たとえば、ボックスにフローラルフォームを仕込み、花をぎゅっと集めて挿したアレンジ、いわゆるボックスアレンジには、ふたを開けたときのサプライズ感があります。また、クリスマスの定番飾りのリースですが、生の花でも作れるので、どの季節の贈り花にも利用できます。そのままドライにして楽しむなら壁掛けスタイルに、またテーブル置きで生花を楽しむのもおすすめです。

さらに、ラッピングも花屋さんにおまかせではなく、ひと工夫加えると、オリジナル性が高まり、記憶に残る贈り花になります。

ふたを開けたときの驚きが楽しい
「ボックスアレンジ」

大人っぽいパープルボックス

紫色のバラをメインに、ピンクの花を加えたエレガントなボックスフラワーは、大人っぽい女性への贈り花にぴったり。

◆花材／バラ ‘センテッドジュエル’ ‘ピンクレース’、クレマチス ‘天使の首飾り’、フランボワーズ、紅葉ヒペリカム、チランジア・テクトラム

ラブリーな春のスモールボックス

丸いボックスにピンクと白のかわいらしい花を詰めて。ふたを開けるとスズランの香りがふわっと漂います。花色とお揃いのピンクのリボンでラッピングしました。

◆花材／ラナンキュラス ‘ポンポン ハーマイオニー’ ‘ライトピンク’、スズラン、アスチルベ ‘ライトピンク’

テーブルでお花見！
サクラボックス

友人の集まりへの手土産の花。4月だったのでボックスに八重ザクラを詰めました。テーブルに置けば、このままお花見が楽しめます。

◆花材／サクラ ‘普賢象（ふげんぞう）’

壁掛けで、テーブル置きで
「リースアレンジ」

ドライでも楽しめる冬のリース

お歳暮として贈るかたも多いリース。どちらもドライになるので壁掛けでも楽しめます。左はフレッシュな針葉樹をベースに使ったリースで、新鮮な色合いが魅力。右はペッパーベリーなどドライの実で埋め尽くしたリース。色は変わらないので、リボンを水引きなどに変えればお正月飾りにも。

季節の花のフレッシュリース

生花を利用したテーブル置きのリース。左は2トーンの花色のデルフィニウムのリース。涼やかさが欲しい夏のギフトに。右はパンジーやプリムラなど春のエディブルフラワーのリース。無農薬栽培なら、テーブルに置いて花を摘んで料理に添えることも。

贈り花の印象がさらに高まる
「ラッピングのアイディア」

トートバッグを ラッピングに利用

お世話になったご夫妻の28年目の結婚記念日にお礼の花をトートバッグに詰めてほしい、というオーダー。ラップでくるんだフローラルフォームをバッグに詰め、ビバーナムやスズラン、青く染めたアスチルベなどバッグからあふれんばかりに挿し、野原で花を摘んできたような自然な雰囲気に。こんな素敵な贈り方のアイディアは、私の店では大歓迎！器やラッピングの資材などの持ち込みについては、可能かどうか花屋さんに相談してみてください。

リボンにもこだわる

「ティファニーブルー」が大好きなお母さまの誕生日祝いに、白いスズランと青に染めたマトリカリアのブーケを。リボンの色も花とコーディネートすると、より印象的な贈り花になります。

ブーケ風に包む

ピンクのバラとブルーのムスカリ、スイートピー。2色を対比させ、バスケットに挿したアレンジ。ぐるりと周囲を包むと、ブーケ風に。形崩れや吸水が心配な場合は、こんなアレンジもおすすめ。

誕生日や結婚記念日……。
毎年のアニバーサリーに贈る花は？

毎年花を贈り続けていると、今年はどんな花を贈ろうか悩むことも多いもの。「フルール トレモロ」では贈り花の写真を撮って記録を残しています。それを確認しながら、「今年は花色を変えよう」、「去年はブーケだったから今年はアレンジにしよう」などと変化をつけています。誕生日や結婚記念日の贈り花は、まずお相手の好きな花や花色を選ぶのが基本です。また、ファッションやインテリアなどから、かわいらしい、シックで大人っぽいなど好みのテイストを見分け、それを生かした贈り花にすれば間違いなく喜ばれるでしょう。お相手の好みがよくわからない場合には、本人のイメージを花で表現することも。「優しいかた、穏やかなかた、元気なかた」などの情報だけでも、花選びのヒントになります。さらにスポーツをされている、映画を見るのが好きなど趣味からも想像を広げることができます。

「好きな花や花色、テイストから選ぶ」

パープルが好きな女性へ

テーマカラーがはっきりしていると花選びもしやすくなります。これは早春のパープルの花を集めたブーケで、淡いピンクのアスチルベで明るさをプラスしています。

◆花材／チューリップ‘ウェバーズパーロットパープル’、アネモネ‘モナリザ ワインホワイト’、ラナンキュラス‘ロシェル’、スカビオサ‘ルーディグレープ’、アスチルベ‘ライトピンク’

優しいピンクが好きな女性へ

初夏のピンクを集めて束ねるとこんなに華やかに。グリーン花材をたっぷり加え、草原にピンクの花が咲いたようなナチュラルなブーケに仕上げました。

◆花材／シャクヤク‘サラベルナール’、バラ‘アンブリッジローズ’、マーガレット‘ドリームカシス’、アスチルベ‘ライトピンク’、ニゲラ‘ミスジーキル’、クレマチス‘フラッシュピンク’、レピディウム‘エメラルドビーズ’、ビバーナム・スノーボール、ユーカリ

バラが大好きな女性へ

濃淡アプリコット色の素敵なバラをより印象づけるため、ダークなチョコレートコスモスをアクセントに加えてアレンジ。ドラマチックな雰囲気。

◆花材／バラ‘ルナピンク’‘ジュディフリル’、チョコレートコスモス、リシアンサス‘ボヤージュ グリーン’、シルバーキャット、ダスティーミラー、銀葉アカシア、ユーカリ、フェイジョア

「贈る相手の印象や趣味から選ぶ」

かわいらしい後輩へ

見た目も性格もとてもかわいいというかたへ贈る初夏の小花のブーケ。‘プリティーピンク’‘いちごみるく’など、品種名もかわいい花を。

◆花材／スカビオサ‘プリティーピンク’、マトリカリア‘いちごみるく’（染め）、アスチルベ‘ライトピンク’、セアノサス‘マリーサイモン’、アルケミラモリス、フランボワーズ

きれいなお母さまへ

透明感のある美しいお母さまへ、春のごく淡いパープルの花を集めて穏やかで透き通るようなブーケを。リーフも淡い黄緑色を選んでいます。

◆花材／アネモネ‘ミストラル プラス ホワイトブラックセンター’、ラナンキュラス‘トゥール’、バラ‘フェアビアンカ’、スカビオサ‘ライトラベンダー’、スイートピー‘アーリーブルー’‘リリー’、ヒヤシンス‘カリビアンドリーム’、シレネ‘グリーンベル’、ビバーナム・スノーボール

ガーデニングが趣味の友人へ

育てたハーブをお茶やお菓子、料理などで楽しんでいるという女性には、3種のミントをたっぷり加え、フレッシュな印象のアレンジを。

◆花材／バラ‘カルペディエム＋’他、カーネーション‘ロシェット’‘アクアグリーン’、ジニア‘クイーン ライムオレンジ’、アスチルベ‘アプリコット’（染め）、キルタンサス・ブラキスキフス、キャットミント、アップルミント、パイナップルミント

「花の名前にこだわって選ぶのも楽しい！」

気に入った花を生み出せたときに、奥さまやお子さんの名前をつける生産者さんもよくいます。花の名前が贈る相手と同じだったら、「わー！」と驚かれ、さらに喜んでもらえるでしょう。「フルール トレモロ」では贈り花にはできる限り、使った花名を記したり、花にまつわるエピソードを添えるようにしています。カーネーションやバラ、リシアンサス、スカビオサなど品種が豊富な花には、人名と同じ品種名も見つかりやすいので、花選びの際には品種名にもこだわってみてください。

スイートピー‘めぐみ’

カーネーション‘しずか’

クレマチス‘麻里’

カーネーション‘ユカリチェリー’

チューリップ‘マリアージュ’

ダリア‘スターズレディ’

さまざまな花色合わせの母の日ギフト。これからラッピングして送り出す作業が始まります。母の日のギフトのオーダーは、少し早めにしておくのがおすすめです。

シーン別　贈り花のヒント

母の日ギフト

お歳暮とクリスマスギフトが重なる12月に続き、花屋が忙しいのが5月の第2日曜日の「母の日」。お届け日が1日のみなので、その前の数日は朝から晩まで贈り花を作り続けます。それほど多くのかたが花を贈ろうとしてくださることは本当にうれしいこと。“母の日には赤いカーネーション”という定番はすっかりなくなり、お母さまの好きな花、好きな色でブーケやアレンジを贈る方が増えています。

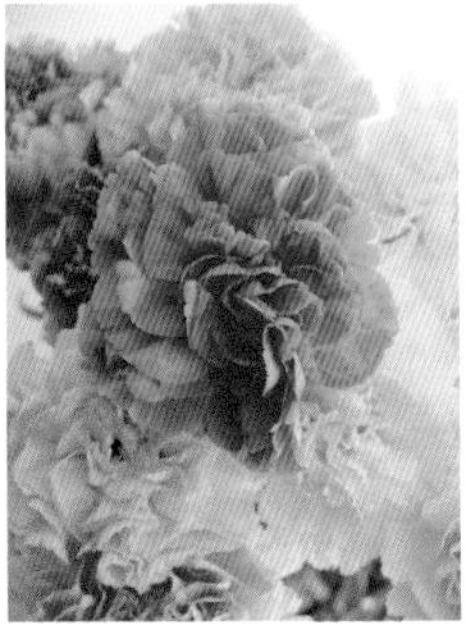

最近のカーネーションは花色も豊富

爽やかでスポーティに

白のアスターやカーネーションの上にブルーに染めたマーガレットを散らした爽やかなアレンジ。ハーブゼラニウムの香りも爽やか。

◆花材／アスター ‘ボブ ホワイト’、マーガレット‘テトラブルー ’(染め)、カーネーション‘アクアグリーン’、ゼラニウム、トリフォリウム ‘夢ほたる’

とびきりかわいらしく

‘ドリームカシス’という小輪のかわいらしいマーガレットをグリーンの上に散らし、ラブリーでナチュラルな雰囲気に仕上げたアレンジ。

◆花材／マーガレット‘ドリームカシス’ ‘テトラグリーン’(染め)、シャクヤク、アリウム ‘ブルーパフューム’、ビバーナム・スノーボール、豆軍配ナズナ、アイビー

シックな雰囲気に

アンティーク感のある花色のバラをメインに、落ち着きがありながら、気品のあるアレンジに。珍しい花色で驚きも一緒にプレゼントして。

◆花材／バラ ‘デザート’、カーネーション‘クレオラ’他、マーガレット‘ドリームカシス’、ユーカリ

敬老の日の贈り花

9月の第3月曜日が敬老の日です。最近ではお孫さんから祖父母への贈り花も増えています。祖父母といっても60代、70代ではまだまだお若いかたも多いので、あまりシックな花色にこだわらず、華やかな贈り花にするのがおすすめです。

ピンクで若々しさを表現

遠方に暮らすお祖母さまへ。ピンクのバラとエキナセアで若々しく、秋らしいシックなリーフや実も加えて。

◆花材／バラ‘アンジェリークロマンチカ’、エキナセア‘ピンクボールビュー’、ケイトウ‘リップクリーム’、パフィオペディルム‘クレアドルーン’、ヨウシュヤマゴボウ、テマリシモツケ‘ルテウス’、アップルミント

キキョウで初秋の雰囲気に

秋の七草に数えられるキキョウの青紫を生かし、リコリスのクリーム色と対比させ、気品のあるアレンジに。

◆花材／キキョウ、リコリス・エルジアエ、カラー‘ピカソ’、ケイトウ‘シナモンペコ’、テマリシモツケ‘ディアボロ’

初秋のコスモスブーケ

コスモスを束ねたブーケは初秋の高原のような雰囲気。八重咲きのコスモスなら華やかさもアップ。

◆花材／コスモス‘ダブルクリック’、カフー‘パープルムーン’、バラ‘ヴェガ+’‘リーク’、ケイトウ‘プティフルーツ マーメイドピンク’、アップルミント、テマリシモツケ‘ディアボロ’

祝福の贈り花

「おめでとう」の気持ちがまっすぐに伝わるといえば贈り花。さまざまなお祝いのシーンの贈り花は、オーダーもたくさん。お相手の状況を想像してスタイルや花を選ぶなど、細やかな心使いがあるとさらに喜ばれます。

女の子を出産した友人へ

出産直後は何かと忙しいので、そのまま手軽に飾れるアレンジを。女の子ということで赤とピンクのかわいらしさ全開の色合わせで。

◆花材／バラ‘ルージュリアン’‘ピンクイブピアジェ’、オキシペタラム‘ラブリーピンク’、ブラックベリー、テマリソウ、アップルミント、フランボワーズ

新社会人となる姪っ子へ

ピカピカの一年生なので、花びらにつやがあるラナンキュラスをメインに。フレッシュ感が伝わるよう透明感のあるパステルカラーでまとめて。

◆花材／ラナンキュラス‘ラックス アリアドネ’、セントーレア‘ロマンティックピンク’、ニゲラ‘ミスジーキル’、ルピナス、スイートピー‘ピンクミルク’

クリニックのオープン祝いに

まずは清潔感を大切に。さらに、訪れたかたをリラックスさせるような穏やかなトーンの花色がおすすめ。

◆花材／バラ‘Madka’‘イブミオラ’、アジサイ‘ロデオクラシックブルー’‘ベレナクラシック’‘アナベル’、クレマチス‘天使の首飾り’、ケイトウ‘デリーパール’、ロータス・ブリムストーン、テマリシモツケ‘ルテウス’、ベニスモモ‘ファスティギアータ’、フランボワーズ

お見舞いの花

最近は病院によっては生花のお見舞いが禁止されているところもあります。退院後に、快気祝いも兼ねて贈るほうが管理もラクにできて喜ばれるでしょう。水揚げしにくい枝ものやもちが悪い花は、管理に手間がかかるので避けたほうがベター。

華やかな花色で伝える「元気になってよかった」

「退院おめでとう!」の気持ちを込め、濃淡ピンクの花色合わせで。ビビッドな色より少しソフトなパステルカラーのほうがおすすめ。

◆花材／リシアンサス‘NFホノピンク’、エキナセア‘サザンベル’‘バブルガム’、カーネーション‘アンティグア’、アップルミント、スペアミント、ローズマリー、ロータス・ブリムストーン、グリーンフレークゼラニウム

リラックスした花色で伝える「まだ無理はしないでね」

自宅療養の続くかたには、心が落ち着くラベンダー色などがおすすめ。パステルピンクなどを加えて明るい印象の贈り花に。

◆花材／アスター‘清涼殿’、バラ‘ルナ ピンク’、アジサイ‘西安’、ケイトウ‘グリーンティアラ’、アストランティア‘ローマ’、シレネ‘小布施の郷’、セアノサス‘マリーサイモン’、アルケミラモリス

お悔やみの花

ご葬儀では最近では花祭壇が主流になり、使う花色や花の種類もそれほど限定されなくなっています。亡くなってから日が浅い場合は、白や紫などをメインに使いますが、一周忌、三周忌と年月が経っている場合は、好きだった花、花色で贈り花をするのもよいでしょう。

セピアカラーのような手向けのブーケ

四十九日の仏壇に飾る花です。まだ日が浅いこともあり、白いブーケを作りました。ルビーグラスの薄赤をアクセントに加えるとセピア調の写真のような雰囲気に。

◆花材／バラ‘ウェディングプラン’、ダイヤモンドリリー、ルビーグラス、ダスティーミラー、ユーカリ

命日にしゃれたマムで母を偲ぶ

仏花の定番のキクですが、最近のキクは個性的な形や色のものが豊富に出回ります。これは黄緑色の繊細なキクをメインにしたアレンジ。寂しさを感じさせない優しい花色で。

◆花材／マム‘アナスタシアグリーン’、スイートピー‘ベール’‘ダークブルー’、アネモネ‘八重咲きホワイト’、ラナンキュラス‘ちほの恋’、アスチルベ‘ライトピンク’、銀葉アカシア

愛犬を亡くした友人へ

悲しい気持ちに寄り添いつつ、元気が出てくるようにと優しいピンク色のブーケを作りました。同じピンクでも形の異なる花を集めると表情豊かなアレンジになります。

◆花材／リシアンサス‘NFホノピンク’、カラー‘ドリームランド’、ケイトウ‘サーモンピンク’‘アスカセレクト グリーン’、アスター‘マッシュ サーモン’、宿根スターチス‘雲竜’、アップルミント、ラベンダー、豆軍配ナズナ

Flower Anniversary

贈り花の
チャンスを増やす
花の記念日

2月14日　フラワーバレンタイン

2月14日のバレンタインは海外では大切な人に花を贈る日として定着しているそうで、それにちなみ日本では「フラワーバレンタイン」と名付けられました。新しいバレンタインの習慣をぜひ取り入れて。

離れて暮らす大切な友人へのフラワーバレンタイン。

・花材／チューリップ‘ミステリアスパーロット’、ミモザ、アネモネ‘ミストラル’、スイートピー‘スプラッシュブルー’（染め）

5月1日　スズランの日

フランスでは古くからこの日に愛する人やお世話になった人へスズランを贈る習慣があることが由来の記念日です。スズランのベル型の花は幸せのシンボル！ 大切なかたにぜひ贈ってみてください。

スズランをシンプルに束ねたブーケ。小ぶりならさりげなく贈れます。

1月21日　スイートピーの日

松田聖子さんの「赤いスイートピー」がリリースされた1982年の1月21日にちなんでスイートピーの記念日に。21日の前後には花色豊富なスイートピーが揃うので、贈り花にぜひ利用してみてください。

バイカラーの美しい品種も。左は‘恋式部’、右は‘紅式部’と名前も素敵。

3月8日　ミモザの日

この日は「国際女性デー」で、イタリアなどでは古くからお世話になっている女性にミモザを贈る習慣があるそう。ミモザを手渡され「今日はゆっくり休んでね」なんて言われたら、うれしいですよね。

「フルール トレモロ」ではこの日の前後をミモザウイークとし、店中をミモザで飾ります。

11月6日　マムの日

語呂合わせから「いいマムの日」。和菊ではなく洋ギク＝マムの日です。この時期には個性的な形や色のマムが豊富に出回ります。存在感のあるマムを贈り花にぜひ利用してみてください。

左／ピンクと黄緑色の彩りが華やかな‘バルタザール’。右／白に黄緑が混じる‘ゼンブラライム’は爽やか。

贈り花のクオリティを
さらに高めてくれる
美しき切り花の作り手たち

クオリティの高い花を探すうちに
すばらしい生産者さんたちに出会う

インターネットの普及により、花屋のタイムサイクルは大きく変わりました。花市場でせりが行われるのは、月、水、金曜日。その前々日には当日せりにかけられる花の情報がウェブサイトにリストアップされます。それを丹念に調べ、欲しい花を地元の花市場に依頼しておくと、設定価格で入手できます。だから早起きする必要はないのですが、代わりに毎晩遅くまで、せりに出る花をウェブサイトで調べなくてはなりません。同じ花でも生産者さんによって、また入手時期によって、クオリティがかなり違うし、新しい花の情報は生産者さんのSNSで直接確認します。そんな作業を繰り返すうちに、自分が好きな花がどのような環境で、どのように栽培されているのか気になってしようがなくなりました。ときには生産者さんに質問をしたり、直接欲しい花を依頼し、広島の花市場を通して入荷したり……。

そうしている間に、私のお気に入りの花を生産しているかたがたと交流が生まれ、ときにはまだ世に出ていない試作の花などを送ってくださるようになりました。新しい花で制作した作品をお見せすると「自分が生産した花は、こんなふうに使われるのか」と、とても喜んでくださいます。また、花の使用感などを伝えて意見交換したり、その花のネーミングに関われる大変光栄なことも。
SNSで作品を発信する際に花名だけでなく、生産地や生産者さんも紹介するのは、その作品を支えるクオリティの高い花をどんなかたが作ってくださるのかを伝えたい気持ちからです。最近では、花の生産現場を訪ねる機会も増え、圃場で力強く育つ花を摘み、その場で作品を作るデモンストレーションなども行っています。

一年中利用する主役花だから、
バラは100%国産を使用

バラは栽培農家も多く、一年を通して何かしらの品種が出回ります。ありがたいことに、地元・広

島にもすばらしいバラを生産してくださるかたがたがいます。一つは竹原市の「京果園 神田」さん。もう一つは廿日市市の「とくなが園芸」さんです。クオリティが高いうえ、距離的な利点から鮮度抜群のバラを利用させてもらっています。
また、カーネーションやリシアンサスも周年出回り、主役花として欠かせません。三代続く香川県のカーネーション農家「真鍋農園」さんでは育種も手掛け、ここで生まれる美しい品種をよく利用させてもらっています。また、リシアンサスについては長野県千曲市の「ナカソネリシアンサス」さんがすばらしい品種を多く生み出していますが、それを高い技術で栽培している農家の一つが長崎県雲仙市の「昭太の花」さんです。
もう一つ、切り花で定番人気のガーベラでお世話になっているのが、静岡県牧之原市の「アドアーフローカ」さん。蕾のまま出荷するという斬新なスタイルでこれまでのガーベラの概念を覆した花農家さんで、このガーベラを入手し始めてから、私のガーベラ利用率はぐっと高まりました。

**気候に合わせ、南から北から
日本各地で生産される花を手に入れる**

ラナンキュラスやスイートピーなど、春の花は温暖な気候の九州から12月には出荷が始まります。スイートピーに関しては、２大産地の宮崎と岡山の船穂地区から高品質な花が届き、この時期にふんだんに利用させてもらっています。また、群馬県富岡市の「みやび花園」さんが栽培する切り花用のパンジーも、春の贈り花でよく利用させてもらっています。
さらに、暑い時期の制作を支えてくださるのが、北海道や長野県など冷涼な生産地のかたがたです。花合わせのアクセントに欠かせない青い花では、長野県飯山市の「梨元農園」さんが生産するルリタマアザミや、北海道で生産されるデルフィニウムが大活躍。また、長野県小県郡の青木村の「フラワーファーム沓掛」さんが生産するダリアは、夏場でも美しい花色で惚れ惚れする仕立てです。
庭で摘んだような自然な雰囲気に仕上げるのに欠かせないハーブは、千葉県南房総市の「折原園芸」さんが種類豊富に生産してくださいます。また、庭で使うような宿根草や花木などは切り花として出回ることは少ないのですが、そんな花材を栽培してくださるのが長野県上伊那郡の「片桐花卉園」さんで、本当にありがたい存在です。
多くの生産者さんに支えられて制作を続けていられると常日頃から感じています。これからも花を生産してくださるかたがたへの感謝の気持ちものせて、贈り花の制作を続けたいと思います。

「フルール トレモロ」の贈り花を支える

珠玉の花を生み出す 日本各地の生産者さん

大切な人に贈る花。そのかたに喜んでいただくためには、クオリティの高い花が必要不可欠。普段からSNSなどで花の情報をやりとりしている生産者さんは、「フルール トレモロ」にとって、何より大切な存在。そんな生産者さんの一部を紹介します。この花はこのかたが作られているのか、と花と結びつけて覚えておいていただけるとうれしいです。

抜群の栽培スキルで美しいバラを生産

京果園 神田　広島県竹原市

早くからオランダ式の栽培技術を導入し、高品質なバラを生産。夏でも安定した品質を保つスキルはさすがの一言。2代目の昌紀さんは奥さまの香奈子さんと朝摘みのバラを抱えて来店し、贈り花をオーダーしてくれることも。新鮮なバラを束ねられるのは至福の瞬間。

左／くすんだピンクの‘アヴニール＋’と、華やかなピンクの‘ヴィクトリアンピンク＋’。右／‘ブラッドオレンジ+’。

エレガントなオリジナル品種は魅力大！

とくなが園芸　広島県廿日市市

スプレーバラがメインのバラの生産者で、個性豊かなオリジナル品種の育種も手がけます。生産するバラは約60品種で、その半数がオリジナル品種。‘ローズシノ’‘ルナピンク’‘フェリーク’など、徳永和宏さんの生み出すバラはどれもバラならではの優雅な雰囲気が魅力。

左／スプレーバラ‘ディアリー’。寒い時期はラッフルローズ独特の切れ込みが入る。右／新作‘ファンシーウエーブ’。

繊細な感覚でオリジナルのバラを生み出す

FINE ROSE 石川華園　佐賀県藤津郡

佐賀のバラ生産グループ「FINE ROSE」に所属する農家さんで、石川奈津子さんが女性ならではの感性で育種した‘和歌’シリーズなど、新品種の育成にも力を注いでいます。和歌を題材にした‘さらしな’‘わだつみ’‘花乙女’など品種名を聞いただけでワクワクしてきます。

‘和歌’シリーズから。左／鮮やかな赤が目にも鮮やかな‘唐紅’。右／コーラルピンクが華やかな‘ちはやぶる’。

美しい花色を引き出すスキルは超一流

萬華園　長野県上伊那郡

父娘でバラの栽培に励む森谷美由紀さんの、女性の生産者ならではの可憐なバラは定評があります。アルプスに囲まれた冷涼な地での栽培がクオリティの高いバラを生み出す秘訣。‘ブルーヘブン’‘ガブリエル’のクールな花色を生み出せるのも、そのスキルの高さゆえ。

左／手前‘ブルーヘブン’、奥‘ガブリエル’。右／‘ストロベリーモンローウォーク’。日本切花協会で入賞し皇室へ献上。

スイートピーの産地の中でも品質の高さで人気

ファームたかお　岡山県倉敷市

オリジナル品種の育種や染めの研究を意欲的に行う「JA晴れの国 岡山」所属のスイートピー農家さん。現在は、農薬を使わない栽培法も模索中。異業種から新たに就農した高尾夫妻が毎春開催するスイートピーの花摘み会では摘み立ての花でアレンジを制作しました。

左／スイートピー‘キャンディポップ’は元気な赤が印象的。右／お気に入りの染めのスイートピー‘アッシュブルー’。

愛らしく美しいオリジナル品種が豊富

あまてらすラナンキュラス　宮崎県西臼杵郡

宮崎県高千穂地区「JA高千穂」内にある高品質なラナンキュラスを生産するグループ。この地に伝承されている「天岩戸」の神話にちなみ「あまてらす」の名前に。‘ちほ’シリーズや‘リナ’シリーズなどの魅力的なオリジナル品種も多数生み出し、欠かせない存在に。

左／新作の‘アントワネット’の美しさに惚れ惚れ。右／部会長の松本陽介さんも期待する新品種‘リナ ラムリア’。

高品質のアネモネを使える幸せ

フェリーチェ　愛媛県今治市

森田夫妻が冬から春にかけて出荷するアネモネはクオリティが高く、カラーバリエーションも豊富で頻繁に利用しています。珍しい花色のラナンキュラスのセレクトにも定評があり、流通量が少ない品種を入手できるのもありがたい。「フェリーチェ」は伊語で幸せの意。

左／ラナンキュラス‘マジェスティ’。右／白と黒が絶妙なアネモネ‘ミストラル プラス ホワイトブラックセンター’。

根付きで届くスズランは抜群の鮮度！

梨元農園　長野県飯山市

「JAながのみゆき」に所属する花農家さんで、自然豊かな奥信濃で一年を通して多品目を栽培。スズラン栽培を早くから導入し、長野をスズラン生産のトップシェアに導いたのも農園主の梨元さん。宿根草や花木など欲しいと思う切り花を生産してくれる貴重な存在。

左／根付きで流通するスズランは花もちのよさも抜群！右／シャクヤク'エッチドサーモン'は大のお気に入り。

スカビオサの育種にかける情熱は計り知れない

フラワーガーデン寺尾　長崎県雲仙市

寺尾祐輔さん、良子さん夫婦がメインで栽培するスカビオサには、愛らしいオリジナル品種がたくさんあります。花の美しさだけでなく、独特のネーミングセンスでも楽しませてもらっています。ユニークな花形、品種名のスカビオサ'チョンマゲ市助'も大人気。

左／花の中央から葉が出るスカビオサ'チョンマゲ市助'。右／ラブリーなスカビオサ'フラッシュピンク'。

高品質なリシアンサスを生産

昭太の花　長崎県雲仙市

リシアンサスとアスターの生産者さん。代表の平野昭太さんが育てるリシアンサスは、花もちや花弁の巻きの多さで全国でも屈指の高品質。昭太さん、香織さん夫妻は長崎にいながら広島カープのファンということで、より深いつながりを感じています。

上／くすみ系のリシアンサス'ブルーシャトー'。左／手前は'NFラベンダー'、奥は'NFブルー'。鮮やかな青紫は見事。

切り花ハーブの品種数は日本屈指

折原園芸　千葉県南房総市

温暖な気候の房総半島で、折原利明さん、未央さん夫婦が多くのスタッフとともにホワイトレースフラワーやヒマワリ、ニゲラ、テマリソウなど多品種を栽培しています。ミントやゼラニウムなどハーブ類の栽培でも日本屈指の多品種生産者。

左／ニゲラ'アフリカンブライド'。右／ヒマワリ'サンリッチ'シリーズも生産。これは'サンリッチ マンゴー'。

夏季でも抜群に美しいダリアを生産

紀子の花　長野県小県郡

長野県の高冷地、寒暖差のある環境で栽培される青木村のダリアは夏季でも高品質で、暑い時期に重宝してます。使いやすい中輪系を主体に新品種の導入にも意欲的。田中紀子さんのお兄さん「フラワーファーム沓掛」沓掛敏朗さんのダリアにもお世話になっています。

左／アネモネ咲きのダリア‘ノースパール’は見た目も色もかわいい。右／新作ダリア‘越後小町’は絶妙な花色と花姿。

「地上の珊瑚」と称されるケイトウを生産

明日香園　佐賀県藤津郡

山口秀行さんが娘の明日香さんとともに育種するボンベイ系のケイトウのオリジナル品種‘アスカセレクト’シリーズはバリエーションが豊富なうえ、どれもケイトウの常識が覆るほど色鮮やか。最近では世界初の白いケイトウもリリース。使い勝手がよく花もちもよい。

左／花色鮮やかな‘アスカセレクト’。右／明日香園さんが生み出した世界初の白いケイトウ‘スワプナ’。

シンビジウム生産のスペシャリスト

石田蘭園　高知県宿毛市

切り花用のシンビジウムを約110品種も生産。とくに「テーブルシンビ」、「和蘭」と称する使いやすい小、中輪系シンビジウムに力を注ぎ、育種も手がけています。園主の石田隆博さんは自ら「しんびすと」と名乗り、切り花シンビジウムの普及に活躍中。

左／風情豊かな‘和蘭’シリーズ。手前の朱赤が‘夕霧’、左奥が‘高砂’。右／テーブルシンビの‘鈴の音 りんりん’。

名脇役のアスチルベは染めの技術も抜群！

JAながさき西海　長崎県佐世保市

代表品目のアスチルベは全国トップシェアを誇ります。独特な染めの技術も自然な風合いで定評があり、新しいアスチルベの魅力を発信中。染めの技術はハボタンでも生かされ、毎年12月に出荷される青いハボタンは、クリスマスや新年の贈り花に欠かせない存在。

左／手前からアスチルベ‘アイブルー（染め）’、‘スカイブルー’、‘ライトピンク’。右／青い染めのハボタン‘碧てまり’。

P9 ～ P190で紹介した、
ブーケとアレンジの
花材データです。

P10

ラナンキュラス ‘ポンポン ハーマイオニー’
アスチルベ ‘ライトピンク’
ハゴロモジャスミン

P11

ラナンキュラス ‘ポンポン ハーマイオニー’、‘オルレアン ライトピンク’
スズラン
アスチルベ ‘ライトピンク’

P12

ダリア ‘オズの魔法使い’
ラナンキュラス ‘ちほの恋’、‘ポンポン ハーマイオニー’
スイートピー ‘恋式部’、‘ブルーフレグランス’
スカビオサ ‘ナナファンタジー’
ニゲラ ‘ミスジーキル’
マトリカリア ‘ブルーワンダー’（染め）
チューリップ ‘スーパーパーロット’
レースフラワー ‘グリーンミスト’
チョイシア・テルナータ

P13

リシアンサス
‘ハピネス ピンクチーク’
フリージア ‘エアリーシェルピンク’
ニゲラ ‘ミスジーキル’
スイートピー ‘めぐみ’
ライスフラワー

P14

バラ ‘ディアリー’、‘ディーヴァ’
ラナンキュラス ‘ラックス カスタリア’
スイートピー ‘めぐみ’
バイモユリ
フランボワーズ

P15

シャクヤク ‘エッチドサーモン’
パフィオペディルム
クレマチス ‘グラベティービューティー’
クリスマスローズ・オリエンタリス ‘グリーン’
アスチルベ ‘ライトピンク’
リューココリーネ ‘ジャパンブルー’
アップルミント

P16

シャクヤク ‘コーラルチャーム’
リシアンサス ‘ハピネス ピンクチーク’
蕾ガーベラ各種
マーガレット ‘ドリームカシス’
宿根スイートピー
ビバーナム・スノーボール

P17

バラ ‘シーアネモネ’
カラー ‘キャプテン ビオレッタ’
レースフラワー ‘ラッキーレディ’
ビバーナム・スノーボール
フランボワーズ

P18

ハス
バラ ‘イブピアジェ’
モミジ

P19

リシアンサス ‘NFホノピンク’
エキナセア ‘サザンベル’、
‘バブルガム’
カーネーション ‘アンティグア’
アップルミント
スペアミント
ローズマリー
ロータス・ブリムストーン
グリーンフレークゼラニウム

P20

カーネーション ‘ジュビリー’
バラ ‘ヴィクトリアンシークレット’、
‘マリーローズ’
ダイヤモンドリリー
ダスティーミラー
フェイジョア

P21

スカビオサ ‘チョンマゲ市助’
バラ ‘マリラブ’、‘シーアネモネ’
ニゲラ ‘ミスジーキル’
レースフラワー ‘グリーンミスト’
テマリシモツケ ‘ルテウス’

P22

ダイヤモンドリリー
アスチルベ ‘ライトピンク’
ルビーグラス

P23

マム ‘白露時雨’
ユーチャリス
アスチルベ ‘ライトピンク’
ワイヤープランツ

P30

スイートピー ‘アッシュブルー’、
‘そらいろ’(2種とも染め)
スズラン
シレネ ‘小布施の郷’
豆軍配ナズナ

P31

バンダ ‘ブルースポット’(ラン)
シャクヤク ‘フェスティバ マキシマ’
ライラック
スイートピー ‘ブルーフレグランス’
ビバーナム・スノーボール
グリーンシュガーゼラニウム

P32

バラ ‘アルヌワブラン’、
‘マロンフォレスト’
ニゲラ ‘ミスジーキル’
リューココリーネ ‘ストライプピンク’
アスチルベ ‘ライトピンク’
アリウム ‘ブルーパフューム’
ビバーナム・スノーボール
タラスピオファリム
フランボワーズ

P33

バラ ‘ガブリエル’、
‘ブルーヘブン’
スズラン

P34

シャクヤク ‘青雪姫’(染め)
ホタルブクロ
アストランティア
豆軍配ナズナ
ビバーナム・スノーボール

P35

アジサイ ‘ロリポップ’
リシアンサス ‘コサージュ ラベンダー’
セアノサス ‘ヘンリーデスフォッセ’
クレマチス ‘篭口’
スモークツリー
アルケミラモリス
フランボワーズ
豆軍配ナズナ

P36

デルフィニウム ‘アルタイル’
カラー ‘ピカソ’、‘キャプテン ビオレッタ’
セアノサス ‘マリーサイモン’
豆軍配ナズナ

P37

デルフィニウム ‘グランブルー’、
‘シフォンブルー’、‘プラチナブルー’
オキシペタラム ‘ピュアブルー’
ルリタマアザミ
エリンジウム ‘ブルーダイナマイト’
アップルミント
パイナップルミント

P42

スカビオサ ‘テラ ホワイトラブ’
アネモネ ‘八重咲きホワイト’
バラ ‘ラ シャンス’
ラナンキュラス ‘ポー’、
‘サンキュラス ピュアホワイト’
マトリカリア ‘シングルペグモ’
アスチルベ ‘ライトピンク’
豆軍配ナズナ

P43

バラ ‘グリーンアイス’、‘デザート’
チューリップ ‘ホワイトハート’
スカビオサ ‘テラ ホワイトラブ’
ニゲラ ‘ミスジーキル’
シレネ ‘グリーンベル’
ユーカリ
豆軍配ナズナ

P44

カラー ‘恋人ミニ’
チューリップ ‘スーパーパーロット’、
‘マウントタコマ’
リューココリーネ ‘緑のリューコ’
エンドウ
ユウギリソウ ‘ブリバグリーン’
スペアミント
ダスティーミラー

P45

スイセン ‘天使の涙’
クリスマスローズ ‘ダブルエレンホワイト’
シレネ ‘グリーンベル’

P46

スズラン
ライラック ‘ブルー’

P47

カスミソウ ‘アルタイル’
セアノサス ‘マリーサイモン’
アルケミラモリス

P48

ヒマワリ ‘ホワイトナイト’
スモークツリー

P49

スワインソナ・ガレギフォリア
‘ホワイトスワン’
ルリタマアザミ ‘ベッチーズブルー’
アジサイ
シルバーキャット
ダスティーミラー
豆軍配ナズナ
グリーンスケール

P50

バラ ‘ウェディングプラン’
ダイヤモンドリリー
ルビーグラス
ダスティーミラー
ユーカリ

P51

コスモス ‘センセーション ホワイト’
ゼラニウム
オレアリア
銀葉アカシア

P52

ハボタン ‘碧てまり’(染め)
アネモネ ‘モナリザ ホワイト’
スイートピー ‘クリスタル’

P53

マム ‘セリカ’、‘ルビーノ’
ダリア ‘白夜’
クリスパリリー
ニゲラ ‘ミスジーキル’
スカビオサ ‘ポンポンホワイト’
ラナンキュラス ‘M-クリーム’
ダスティーミラー
ピットスポラム ‘マウンテングリーン’
イトギク

P58

アネモネ ‘ミストラル ラベンダーシェード’
パンジー ‘ホワイトライラック’
スイートピー ‘ブルーフレグランス’、
‘マーブルピンク’
銀葉アカシア
ユーカリ

P59

アネモネ ‘モナリザ ブルーバイカラー’
チューリップ ‘カチンカ’
スイートピー ‘レイトラベンダー’
スカビオサ ‘ナナ ブルー’
ツルバキア
リシアンサス ‘アンバー ダブルミント’
トリフォリウム ‘花うさぎ’
銀葉アカシア

P60

チューリップ ‘ミステリアスパーロット’
パンジー ‘フリズルシズル バーガンディー’
アスチルベ ‘スカイパープル’(染め)
ムスカリ
ユーカリ

P61

アネモネ ‘ミストラル ワインホワイト’、
‘モナリザ ラベンダーシェード’
スカビオサ ‘ユイ’
チューリップ ‘ミステリアスパーロット’
スイートピー ‘ダークブルー’
パンジー ‘カルメン’
ユーカリ

P62

リシアンサス ‘ハピネス ブルーチーク’
セイヨウオダマキ ‘ウィンキー ダブルブルーホワイト’
アスチルベ ‘ライトパープル’(染め)
シャクヤク ‘三礼加’
ライスフラワー
豆軍配ナズナ

P63

デルフィニウム‘オーロラ モーヴ’、
‘オーロラ ホワイト’
ライラック‘ファンシーブルー’
ビバーナム・スノーボール
キャットミント

P64

リシアンサス‘NFバイオレット’
アスター‘ボブ バイオレット’
ファレノプシス‘ファンメイスウィート’
ケイトウ‘プティフルーツ マーメイド
ピンク’
ルリタマアザミ
ブルーベリー
フランボワーズ

P65

アスター‘18Sライラック’、
‘マッシュ ラベンダー’
コスモス‘ハッピーリング’
ダリア‘ラッテ’
バラ‘由香’
リキュウソウ‘来夢’
アップライトアイビー‘ライトフィンガー’

P66

スイートピー‘みやびのかなで’
スズラン

P67

アスター‘ボブ シルバーブルー’
ラナンキュラス‘M-ブルー’
アスチルベ‘ライトパープル’(染め)
ラベンダー
ルビーグラス

P68

ダイヤモンドリリー
アネモネ‘八重咲きブルー’
スカビオサ‘テラ プチグリーン’、
‘リエール’
アスチルベ‘ライトピンク’
スペアミント
アップライトアイビー

P69

ラナンキュラス‘リナ セティ’、
‘ポンポン シレンテ’
スイートピー‘マロン’
スカビオサ‘ユウセイ’
チューリップ‘ミステリアスパーロット’
アップルミント
チョコレートゼラニウム
ヒムロスギ(サツマスギ)

P74

ラナンキュラス‘ラックス ロティス’、
‘ラックス ディオーネ’、
‘ディーニュ’、‘エチュードゴールド’、
‘M-グリーン’
アネモネ‘デカン’、
‘モナークホワイト’
スカビオサ‘テラ プチグリーン’
ナノハナ
豆軍配ナズナ
アカシア

P75

ミモザ
フリチラリア・メレアグリス

P76

バラ‘エバンタイユドール’
ラナンキュラス‘ちほの華’、
‘モルバン’
蕾ガーベラ
スカビオサ‘プリティーパープル’
ビバーナム・スノーボール
ポリシャス

P77

ダリア‘ポートライト ペアビューティー’
チューリップ‘アメイジンググレイス’
バラ‘イブピアジェ’
ラナンキュラス‘ハノイ’
アストランティア
ユーカリ

P78

チューリップ‘ボボス’
スカビオサ‘テラ プチグリーン’
バイモユリ

P79

バラ‘ブラッドオレンジ+’、‘オリエンタルキュリオーサ’
ファレノプシス‘リューファンタジー’
カラー‘クリスタルブラッシュ’
ケイトウ‘プティフルーツ マーメイドピンク’
アルケミラモリス
フランボワーズ

P80

ヒマワリ‘サンリッチ ライチ’、‘レモンエクレア’
エキナセア‘イレジスティブル’
カーネーション‘ゆず’
グレープアイビー
テマリシモツケ‘ルテウス’

P81

バラ‘オレンジロマンティカ’
ラナンキュラス‘ディーニュ’
マリーゴールド‘ギガオレンジ’
スカビオサ‘アプリコット’
チョコレートゼラニウム

P82

ラナンキュラス
パンジー‘カルメン’
アスチルベ‘グレー’(染め)
ホワイトソルトブッシュ
ユーカリ

P83

蕾ガーベラ‘パスティーニコルヴァーラ’、‘グリーンスパイク’
ラナンキュラス‘ディーニュ’、‘M-ゴールド’
ニホンズイセン
ハボタン‘フレア ホワイト’、‘マーブル’
アップルミント
ユーカリ

P90

ラナンキュラス‘ポンポン オーロラ’
スズラン
オルレア

P91

スイートピー‘カルメン’
アネモネ‘ミストラル スカーレット’
ラナンキュラス‘モロッコ エルフード’
スカビオサ‘プリティーピンク’
アスチルベ‘ライトピンク’
豆軍配ナズナ
銀葉アカシア

P92

スイートピー‘カルメン’
ミモザ

P93

カーネーション ‘ナポレオンレッド’
アネモネ ‘ミストラル レッドシェード’
バラ ‘シーアネモネ’
スイートピー ‘アカープ’
ラナンキュラス ‘ラックス’
銀葉アカシア
ユーカリ

P94

バラ ‘ルージュリアン’、‘フルフル’
トリフォリウム ‘クリスタルキャンドル’
シレネ ‘小布施の郷’
ビバーナム・スノーボール
豆軍配ナズナ
フランボワーズ

P95

バラ ‘ルージュリアン’、‘赤提灯’
カラー ‘ホットチョコレート’、
‘サッポロ’
ケイトウ
アップルミント
ブルーベリー

P96

ダリア ‘恋金魚’
ダイヤモンドリリー
セロシア ‘ホットチリ’
ヒペリカム ‘バイカラー’
ルビーグラス
テマリシモツケ ‘ルテウス’

P97

ダイヤモンドリリー
ダリア ‘ハマリローズ’
ヨウシュヤマゴボウ
ヒペリカム ‘マジカルレッド’、
‘マジカルミッドナイトグロー’

P98

バラ ‘ルージュリアン’、
‘フリューレット’、‘グリーンアイス’
ヤドリギ
ヒメリンゴ
ジュニパーベリー
コニファー ‘ブルーアイス’
ヒロムスギ（サツマスギ）

P99

アネモネ ‘ミストラル プエゴ’、
‘八重咲きスカーレット’
チューリップ ‘スーパーパーロット’
シレネ ‘グリーンベル’
アップルミント
モミ

P104

スイートピー ‘ベール’、
‘ダークブルー’
マム ‘アナスタシアグリーン’
アネモネ ‘八重咲きホワイト’
ラナンキュラス ‘ちほの恋’
アスチルベ ‘ライトピンク’
銀葉アカシア
リシアンサス

P105

ガーベラ
蕾ガーベラ
ビバーナム・スノーボール
チューリップ ‘ホワイトマウンテン’
スズラン

P106

リシアンサス ‘NFラベンダー’
ジニア ‘クイーン ライム’
ルリタマアザミ ‘ベッチーズブルー’
アストランティア
豆軍配ナズナ
ダスティーミラー
ブラックベリー
フランボワーズ
ユーカリ

P107

アップルミント
アップルゼラニウム
シナモンゼラニウム
グリーンカールゼラニウム
ラベンダー
マーガレット‘ドリームカシス’
アストランティア‘スノースター’
アルテミシア‘サザンウッド’
豆軍配ナズナ

P108

スズラン
蕾ガーベラ‘グリーンスパイク’
パイナップルミント

P109

リシアンサス‘アンバー ダブルモヒート’
オキシペタラム‘マーブルホワイト’
ヒヤシンス‘チャイナピンク’
ビバーナム・スノーボール
アップルミント
スノーフレークゼラニウム
銀葉アカシア

P112

チョコレートコスモス
スペアミント
ローズマリー
スモークグラス
メラレウカ
キイチゴ‘ベビーハンズ’

P113

アネモネ‘ミストラル プラス ホワイトブラックセンター’
カラー‘カントール’
ラベンダー

P116

ラナンキュラス‘シャルロットオレンジ’
スイートピー‘そらいろ’(染め)
ニゲラ‘ミスジーキル’
ヒヤシンス‘チャイナピンク’
ムスカリ‘ビッグスマイル’
ラグラス
ユーカリ

P117

ラナンキュラス‘茜の想い’、‘ポンポン ドラコ’、‘リナ セティ’
パンジー‘マリーヌ’
アネモネ‘セントブリジットブルー’
スイートピー‘アズキ’
パフィオペディルム‘蜻蛉花’
豆軍配ナズナ
ゼラニウム

P118

ラナンキュラス‘ポンポン ルナ’、‘ポンポン ドラコ’、‘ビュゼ’
スカビオサ‘テラ いちごみるく’
シャクヤク‘コーラルチャーム’
アスチルベ‘アイブルー’(染め)
ビバーナム・スノーボール
シレネ‘小布施の郷’
チョイシア・テルナータ

P119

ダリア‘ポートライト ペアビューティー’、‘NAMAHAGEビューティー’
スイートピー‘青式部’
ラナンキュラス‘M-ブルー’
センニチコボウ

花名インデックス

この本のメインページ（P9～119ブーケ&アレンジ）と贈り花のデザインのヒント（P125～137）に登場した花材名を掲載したインデックスです。

ス

セ

タ

チ

季節インデックス

この本のメインページ（P9～119）のブーケ&アレンジを、季節から探すことができるインデックスです。

Epilogue

おわりに

みなさまに贈り花のエールを！

2020年3月、日本でもCOVID-19の感染が拡大し、いつ緊急事態宣言が発令されてもおかしくない状況下で、「ステイホーム」の呼びかけがありました。さまざまな業種の人々が大きな影響を受けましたが、花業界にとってもこれは大打撃となりました。

毎年3月には卒業記念のパーティやお別れ会、またウエディングなどのイベントがたくさんあり、贈り花だけでなく、式場の装飾などで切り花の需要が高まります。この時期に合わせ、各地の花農家さんは出荷の準備をするのですが、2020年はこれらのイベントのほとんどがキャンセルに。行き場のなくなった切り花は、廃棄処分を余儀なくされることに……。

いつもお世話になっている生産者さんたちがどれほどがっかりし、悲しがっているか、また、美しい花が誰の目にもとまらずに廃棄されることへの私自身の悲しみもあり、微力ながらも何かできないかと考えました。そして、『家庭画報.com』で連載中だった「365日の贈り花ダイアリー」で、特別回を設けてもらい、「大変な今だからこそ、大切な人を元気づける花を贈りませんか?」という呼びかけをさせていただきました。

多くの読者のかたがたにご賛同いただき、私の店にもたくさんのオーダーが届きました。介護施設にいて会うことのできないお母さまに「元気にしてる？」の問いかけのつもりで。大学を卒業したのに実家に戻れずにいる娘さんに「おめでとう！ 待っているから」のメッセージ。また、珍しく家族全員が揃うリビングを華やかに飾りたい、というご自宅を飾る花など、今までの贈り花にはない理由もたくさん伺いました。そのとき、花のもつ力は本当にすごい、とあらためて感じました。その美しさだけで人の心を癒やし、元気づけ、明るい気持ちにさせてくれるのですから。

多くの贈り花のオーダーをいただき、例年ほどではないけれど、花市場に注文を出せたことを知ると、生産者さんたちがとても喜び、感謝のメッセージが届きました。丹精込めて育てた花をみなさまの「贈り花」が救ってくれたのです。この場を借りて、心からお礼を申し上げます。
こんな状況の中でも、花を贈られることはもちろん、自身が贈ることで楽しい気持ちになれることに気付いたかたも多くいらっしゃることと思います。
みなさまがこれから先もずっと花を愛し、花に愛されますように、エールを込めてこの本をお贈りしたいと思います。

「フルール トレモロ」は私と妻の晴美のふたりでオープンした花屋です。彼女の助けがなければ、ここまで続けることはできなかったと思います。普段は言えずにいる感謝の気持ちをここで伝えたいと思います。

また、『家庭画報.com』の連載担当で、この本の出版にもご尽力くださった世界文化社の湯原 光さん、連載時にお世話になった小林 舞さん、池嵜 愛さん、本のデザインを担当してくださった小野寺健介さんと校正の天川佳代子さんにも深く感謝いたします。SNSで私の花の作品を見つけ出し、遥々広島まで会いに来てくださり、連載からこの本まで原稿のまとめを担当してくださった編集者の高梨さゆみさんにも大変お世話になりました。担当者のかたがたからは実際に私の作る作品を贈り花としてご依頼いただいたことも。

花を贈りあう気持ちは、きっとみなさまの心も豊かにしてくれます。
最後に、この本を手に取ってご覧いただいたかたへ感謝を。
「ありがとうございました。」

2021年4月25日
fleurs trémolo　藤野幸信

藤野幸信（ふじの・ゆきのぶ）

広島駅からほど近い段原の骨董通りにある「fleurs trémolo」（フルール トレモロ）オーナー。広島大学大学院理学研究科生物科学専攻を修了後、花の道に進んだ異色の経歴。店名のtrémoloは音楽用語で震音を表し、「感動で声が震える」ことを意味する。感動する花束を多くの人に届けたい、という思いから、市場からだけでなく、自らも生産者情報を入手して、お気に入りの花を集める。何種類もの花を使ったブーケやアレンジは、エレガントでナチュラル。作品のアップを続けているSNSから人気が広がり、全国各地から贈り花のオーダーが届く。

フルール トレモロ
広島市南区段原1-5-7
tel/fax 082（261）3970
https://www.fleurs-tremolo.com

本書は、ウェブサイト『家庭画報.com』連載「藤野幸信さん 365日の贈り花ダイアリー」の記事全366回（2019年6月1日～2020年5月31日まで）を基に、『家庭画報』2020年8月号「日本各地、選りすぐりの花を束ねた 美しきフラワーアレンジメント～フルール トレモロ・藤野幸信さんの世界～」の一部を加えて再構成したものです。

撮影　藤野幸信　北恵けんじ（P138-139）
デザイン　小野寺健介（odder or mate）
編集・文　高梨さゆみ
校正　天川佳代子
編集　湯原 光（世界文化社）

人気フローリストが教える フラワーアレンジのデザイン&ヒント78
大切な人への贈り花

発行日　2021年4月25日　初版第1刷発行

著者　藤野幸信
発行者　秋山和輝
発行　株式会社世界文化社
〒102-8187 東京都千代田区九段北4-2-29
電話　03(3262)5134（編集部）
　　　03(3262)5115（販売部）
印刷・製版　中央精版印刷株式会社
DTP制作　株式会社明昌堂

ISBN 978-4-418-21405-1